Bibliografische Information der Deutschen Nationalbibliothek:

Die Deutsche Nationalbibliothek verzeichnet diese Publikation in der Deutschen Nationalbibliografie; detaillierte bibliografische Daten sind im Internet über http://dnb.d-nb.de abrufbar.

Impressum:

Lektorat: Theresa Fischer

Copyright © 2015 ScienceFactory

Ein Imprint der GRIN Verlags GmbH

Druck und Bindung: Books on Demand GmbH, Norderstedt, Germany

Coverbild: pixabay.com

Durch Achtsamkeit zum Erfolg.
Eine buddhistische Lebenseinstellung als Karrierefaktor

Inhalt

Das Potenzial meditativer Ausbildung von Achtsamkeit für die Herausforderungen von transkulturellem Management 7

1. Einleitung 8
2. Herausforderung Transkulturalität, Management und transkulturelle Kompetenz 9
3. Stress und Gesunderhaltung in der Leistungsgesellschaft 13
4. Zur Ausbildung von Achtsamkeit mit meditativen Praktiken 16
5. Zum Potential von Achtsamkeit für die Bewältigung der Herausforderungen im transkulturellen Management 25
6. Fazit 31
7. Literatur und Quellenverzeichnis 34

Personal- und Managemententwicklung durch Achtsamkeitsmeditation als Element eines Innovationsmanagements 39

1. Einleitung 40
2. Mögliche Innovationsbarrieren in Unternehmen auf personeller und kultureller Ebene 45
3. Intervention im Bereich Personalentwicklung 56
4. Rahmenbedingungen für eine erfolgreiche Implementierung 71
5. Zusammenfassung 74
Literaturverzeichnis 76

Achtsamkeit im Coaching 79

Zusammenfassung 80
Einleitung 81
1. Achtsamkeit 83
2. Coaching 89
3. Transfer für die Coaching-Praxis 98

Einzelbände 101

Katharina Fülle

Das Potenzial meditativer Ausbildung von Achtsamkeit für die Herausforderungen von transkulturellem Management

2013

1. Einleitung

Unternehmen erwarten von Managern, dass sie über die Kompetenzen verfügen, in anderen Kulturen und neuen Umgebungen erfolgreich zu arbeiten und dabei gesund zu bleiben.[1] Diese Arbeit möchte daher im Folgenden das Potenzial der meditativen (Ein-)Übung von Achtsamkeit[2] für die Gesundheit und die Ausbildung bzw. die Entfaltung von Managementaufgaben und im Besonderen von transkulturellen Kompetenzen darstellen. Zunächst wird dafür der Begriff der Transkulturalität erläutert und Anforderungen an Manager in einem transkulturellen Umfeld, sowie transkulturelle Kompetenzen gemäß Mayer (Kapitel 2) und das Konzept der Salutogenese zur Gesunderhaltung in einer Leistungsgesellschaft (Kapitel 3) dargestellt. Anschließend folgt die Erläuterung des Begriffs der Achtsamkeit und Meditation (Kapitel 4) sowie die Darlegung der meditativen Ausbildung oder (Ein-)Übung von Achtsamkeit, welche durch 2 exemplarisch ausgewählte Praktiken, nämlich durch die buddhistische Vipassana-Meditation (Kapitel 4.1) und die therapeutische Methode der Sitzmeditation (Kapitel 4.2) verdeutlicht werden soll. Zuletzt werden die Erkenntnisse der drei vorhergehenden Kapitel zusammen geführt, um das Potenzial der meditativen Ausbildung von Achtsamkeit darzustellen (Kapitel 5). Zu Gunsten der Übersichtlichkeit ist dieses Kapitel in zwei Teile gegliedert, wobei sich das Kapitel 5.1 mit dem Potenzial der (Ein-)Übung von Achtsamkeit für die Gesundheit und das Kapitel 5.2 mit dem Potenzial für Managementaufgaben und im Besonderen für die Ausbildung bzw. Entfaltung transkultureller Kompetenz beschäftigt.

Die Relevanz des Themas ergibt sich aus den immer höheren Anforderungen am Arbeitsplatz, welche auf Manager als Führungs- und Leitungspersonal besonders stark wirken.[3] Im Bereich des Managements rückt die Technik der Meditation und Achtsamkeit dabei immer mehr in den Fokus. So gibt es zahlreiche Berichte zu Managern, welche mittels der meditativen Ausbildung

---

[1] Mayer, Claude-Hélène: *The Meaning of Sense of Coherence in Transcultural Management. A salutogenetic Perspective on Interactions in a selected South African Business Organisation*, (= Internationale Hochschulschriften, Bd. 563), Münster u.a. 2011, S. 107.

[2] *Achtsamkeit* als bestimmte mentale Einstellung wird in dieser Arbeit kursiv gekennzeichnet, sodass diese bestimmte Art der Aufmerksamkeit nicht mit dem umgangssprachlichen Gebrauch des Wortes verwechselt werden kann.

[3] Siehe hierzu bspw. das Kapitel „8.6 Neue Herausforderungen für Führungskräfte" in Schreyögg, Georg und Koch, Jochen: *Grundlagen des Managements. Basiswissen für Studium und Praxis*, 2. Auflage, Wiesbaden 2012, S. 283-291.

von Achtsamkeit Stress und Hektik begegnen,[4] es werden verschiedene Achtsamkeits- und Meditationsseminare für Manager angeboten[5] und zuletzt soll Meditation sogar als Kurs an Fakultäten der Wirtschaftswissenschaften angeboten werden.[6] Jedoch gibt es kaum Studien zum Einfluss oder der Wirksamkeit meditativer Ausbildung von Achtsamkeit am Arbeitsplatz. Zu nennen sind derzeit lediglich der theoretische Überblickartikel von Sauer sowie die Studie von Walach, welche hier mehrfach als Quellen herangezogen werden. Ähnlich verhält es sich mit Veröffentlichungen zum transkulturellen Management und genauer zu Gesundheitsfragen oder spezifischen Herausforderungen in diesem Bereich, wobei die ausführliche Arbeit von Mayer als Ausnahme gelten kann und dieser Arbeit als Hautquelle dient.

2. Herausforderung Transkulturalität, Management und transkulturelle Kompetenz

Transkulturalität ist ein Konzept, das auf den Philosophen Wolfgang Welsch (*1946) zurück geht und einen Gegenentwurf zur Auffassung der Einzelkultur, der Interkulturalität sowie der Multikulturalität darstellt.[7] Welsch argumentiert, dass vorgenannte Kulturkonzepte im traditionellen Kulturverständnis Herders verankert sind und der Vorstellung von Kultur als Nationalkultur, die geschlossen und einheitlich ist, anhaften. Gemäß Welsch können heutige Kulturen jedoch nicht mehr über dieses traditionelle Kulturkonzept erfasst werden, welches besagt, dass sich Kulturen durch eine bestimmte Zugehörigkeit zu einem Volk oder einer Nation („ethnische Fundierung") auszeichnen und eine Vereinheitlichungsfunktion erfüllen, die „das Leben der jeweiligen Gesellschaft im ganzen wie im einzelnen [prägt] und jede Handlung und jedes Objekt zu einem unverwechselbaren Bestandteil gerade dieser Kultur [macht]" („soziale Homogenisierung"), sodass sich die jeweilige Kultur von anderen nach außen

---

[4] Bspw. Wenderoth, Andreas: *Meditation. Manager üben sich im Meditieren*, in: Die Zeit Online, 27.01.2011, http://www.zeit.de/karriere/beruf/2011-01/zen-rotarier (02.05.13).

[5] Vgl. o.V.: *Yoga und Meditation für Manager*, http://www.manager-im-kloster.de/seminare/yoga-meditation-manager.html (02.05.13).

[6] La Roche, Julia: *Georgetown's Business School Will Now Offer A Meditation Class Inspired By Hedge Fund God Ray Dalio*, in: Business Insider, http://www.businessinsider.com/georgetown-university-meditation-class-2013-4 (25.04.13).

[7] Welsch, Wolfgang: *Transkulturalität. Zur veränderten Verfaßtheit heutiger Kulturen*, S.1, http://www.forum-interkultur.net/uploads/tx_textdb/28.pdf (11.04.12).

hin unterscheidet („interkulturelle Abgrenzung").[8] Im Weiteren erläutert Welsch:

> *„Das Konzept der Transkulturalität entwirft ein anderes Bild vom Verhältnis der Kulturen. Nicht eines der Isolierung und des Konflikts, sondern eines der Verflechtung, Durchmischung und Gemeinsamkeit. Es befördert nicht Separierung, sondern Verstehen und Interaktion. Gewiß [!] enthält dieses Konzept Zumutungen gegenüber liebgewonnenen Gewohnheiten - wie die heutige Wirklichkeit überhaupt. Im Vergleich zu anderen Konzepten skizziert es aber den am ehesten gangbaren Weg."*[9]

Gemeint ist hier der am ehesten gangbare Weg mit der steigenden Komplexität und Dynamik von Kultur umzugehen, die sich mit der Globalisierung[10] nicht mehr über nationale Grenzen, Ethnie, Religion oder Tradition definiert.[11] Vielmehr stellt Kultur nach Schwartz folgendes dar:

> *„Culture consists of the derivatives of experience, more or less organized, learned or created by the individuals of a population, including those images or encodements and their interpretations (meanings) transmitted from past generations, from contemporaries, or formed by individuals themselves."*[12]

Gemäß Mayer ist diese Definition von Kultur im Hinblick auf eine transkulturelle Herangehensweise und genauer bezüglich des transkulturellen Managements besonders geeignet, da sie analog zum transkulturellen Ansatz von Welsch die Grenzen von Kultur nicht mehr an den oben stehenden drei

---

[8] Welsch, Wolfgang: *Transkulturalität – Die veränderte Verfassung heutiger Kulturen*, S. 3, http://via-regia-kulturstrasse.org/bibliothek/pdf/heft20/welsch_transkulti.pdf (11.04.13).

[9] Welsch: *Transkulturalität*, S. 4.

[10] Nadig bezeichnet Transkulturalität daher auch als Produkt der Globalisierung. Siehe: Nadig, Maya: *Transculturality in Progress. Theoretical and Methodological Aspects drawn from Cultural Studies and Psychoanalysis*, in: Sandkühler, Hans Jörg und Stekeler-Weithofer, Pirmin (Hrsg.): "Transculturality – Epistemology, Ethics, and Politics" (=Philosophie und Geschichte der Wissenschaften. Studien und Quellen, Bd. 57), Frankfurt a.M. 2004, S. 9.

[11] Sandkühler, Hans Jörg: *Pluralism, Cultures of Knowledge, Transculturality, and Fundamental Rights*, in: Sandkühler, Hans Jörg und Stekeler-Weithofer, Pirmin (Hrsg.): "Transculturality – Epistemology, Ethics, and Politics" (=Philosophie und Geschichte der Wissenschaften. Studien und Quellen, Bd. 57), Frankfurt a.M. 2004, S. 81.

[12] Schwartz, Theodore: *Anthropology and Psychology: an unrequited relationship*, in: Schwartz, Theodore u.a. (Hrsg.): "New Directions in Psychological Anthropology", Cambridge 1992, S. 324.

Merkmalen festmacht, sondern Kultur als von Individuen, Gruppen, Nationen usw. konstruiert, geformt und organisiert darstellt,[13] was prozesshaft der oben genannten „Verflechtung, Durchmischung und Gemeinsamkeit" gleichkommt. Die Konstruktion von Stetigkeit und Ordnung sowie das Realisieren von potentiellen Synergien aus gegebener kultureller Vielfalt und eine Verflechtung über Unterschiede hinweg stellen demnach im transkulturellen Management laut Mayer besondere Herausforderungen dar.[14] Management als „Komplex von Steuerungsaufgaben, die bei der Leistungserstellung und -sicherung in arbeitsteiligen Organisationen erbracht werden müssen"[15] benötige demnach zur wirkungsvollen Umsetzung der klassischen Managementaufgaben aus funktionaler Sicht, nämlich der Planung, Organisation, dem Personaleinsatz, der Führung sowie der Kontrolle,[16] auch transkulturelle Kompetenzen. Zu diesen gehören nach Mayer folgende:[17]

- „Transcultural communication competence" (Wissen um kulturspezifische Sprache, verbale und nonverbale Kommunikation)
- „Cultural Understanding" (unterstützt den Aufbau von Vertrauen und steigert die Effektivität von Kommunikation)
- „Tolerance for ambiguity" (bezeichnet „das Aushalten von Widersprüchlichkeiten, welche durch kulturell bedingte Unterschiede und mehrdeutige Informationen auftreten können, sowie das Aushalten von gegensätzlichen Erwartungshaltungen."[18] Je höher die Ambiguitätstoleranz, desto mehr (oder eher) fühlen sich Individuen in ungewohnten Situationen wohl.)
- „Dissimilarity openness" (wird erfordert, sodass kulturelle Differenzen geschätzt und nicht abgelehnt werden)
- „Emotion management skills" (befähigt sich oder andere in Konfliktsituationen wieder auf das Problem zu fokussieren, eher mit Stress umzugehen und umfasst auch emotionale Intelligenz oder Empathie)
- „Information processing skills" (geht davon aus, dass Personen mit einer höheren kognitiven Komplexität eher in der Lage sind ein Verständnis

---

[13] Mayer: S. 91.
[14] Ebd.: S. 90-92.
[15] Schreyögg und Koch: S. 8.
[16] Ebd: S. 7-9.
[17] Die folgende Liste ist in abgewandelter Reihenfolge Mayer: S. 92-93 entnommen.
[18] o.V.: *Transkulturelle Schlüsselkompetenzen*, http://www.transkulturelles-portal.com/index.php/9 (12.04.13).

unterschiedlicher kultureller Systeme zu entwickeln, da sie soziales Verhalten in multidimensionaler Weise auslegen können)
- „Conflict management skills" (hierzu gehören Qualitäten wie Sensibilität, Kommunikations- und Sprachfähigkeiten, sowie das Wissen um Methoden persönliche Beziehungen zu etablieren, wieder aufzubauen und auch zu beenden (siehe hierzu Mayer: S. 350))
- „Self management skills" (unterstützt eine höhere Flexibilität des Verhaltens und der Reaktionen in schwierigen Situationen. Hierzu gehört auch die Eigenschaft der Selbstreflexion, die Fähigkeit Informationen zu teilen und die eigene Leistung zu verbessern)

Die Globalisierung macht im Management jedoch nicht nur die Ausbildung transkultureller Kompetenzen nötig, sondern hat auch Faktoren wie „increasing unemployment, changes in employment practices, ageing, downsizing", als auch "demand for higher degree of participation and responsibility [...], decentralization of production and services, outsourcing processes and employing virtual organisations" zur Folge, welche zu einem "mental overload" führen können.[19] Kommen dann noch transkulturelle Interaktionen, Konflikte, internationale Geschäftslagen, „pressures of speeded-up work, consumption and choice",[20] oder der karrierebedingte Umzug in ein neues kulturelles Umfeld hinzu, sind gemäß Grey Stress und Überforderung kaum zu vermeiden.[21]

Auf den Einfluss der Leistungsgesellschaft bei der Entstehung von Stress und neuronaler Krankheiten, sowie auf Stress aus biologisch-psychologischer Sicht, auf den salutogenetischen Ansatz und genauer auf das Kohärenzgefühl als Faktor für die erfolgreiche Bewältigung von Stress wird nun im Folgenden eingegangen.

---

[19] Mayer: S. 78.
[20] Grey, Chris: *A very short, fairly interesting and reasonably cheap book about Studying Organizations*, 2. Aufl., London 2009, S. 121.
[21] Ebd.: S. 83.

3. Stress und Gesunderhaltung in der Leistungsgesellschaft

Der deutsche Philosoph Han (*1959) stellt fest, dass es sich bei der Gesellschaft des 21. Jahrhunderts nicht mehr um eine Disziplinargesellschaft wie noch von Foucault dargestellt handelt, welche vom Sollen und Nicht-Dürfen beherrscht und so auch produktiv war. Die Gesellschaft des 21. Jahrhunderts ist vielmehr eine Leistungsgesellschaft, in welcher Arbeit nicht mehr als Leid empfunden werden soll[22] und welche sich immer mehr der Negativität des Zwangs entledige, wodurch schneller und effektiver gearbeitet werde. Vom negativen Sollen wird also zum positiven Können umgeschaltet, so bringt bspw. der „Kollektivplural der Affirmation Yes, we can […] den Positivitätscharakter der Leistungsgesellschaft zum Ausdruck".[23] Wie Han jedoch auch erläutert, macht das Können das Sollen nicht rückgängig. Vielmehr stehen beide in einer Kontinuität, bei der das Können die Produktivität steigert, die durch das Sollen erreicht wurde. Beide Faktoren geraten aber in Konflikt, wenn der Mensch nicht mehr können kann. Daher wären die Leitkrankheiten der Leistungsgesellschaft nicht mehr viral oder bakteriell (da diese durch die Medizin sehr viel besser behandelt werden können), sondern vor allem neuronal bestimmt.[24] Stress kann bspw. durch akute Belastungen oder Kulturschock ausgelöst, ebensolche neuronalen Krankheitszustände wie Angststörungen, Depression,[25] Burn-out, Bluthochdruck und Herzinfarkt oder auch Kopfschmerzen[26] bewirken oder verschärfen.

Biologisch wird Stress nach Selye als Reaktion des ganzen Organismus (Körper und Geist) auf Belastung und Anstrengung, also auf bestimmte Reize, die Stress hervorrufen und die er Stressoren oder Stressauslöser nennt, definiert.[27] Lazarus beschreibt darüber hinaus psychologischen Stress als eine bestimmte Art von Beziehung zwischen dem Individuum und der Umwelt, die von der jeweiligen Person als Belastung oder Überschreitung der eigenen Ressourcen bewertet wird

---

[22] Schreyögg und Koch: S. 188.
[23] Han, Byung-Chul: *Müdigkeitsgesellschaft*, Berlin 2010, S. 18.
[24] Han: S. 5, 17-21.
[25] o.V.: *Reaktionen auf schwere Belastungen und Anpassungsstörungen*, http://www.icd-code.de/su-che/icd/code/F43.-.html?sp=SDepression (17.04.13).
[26] Shinn, Marybeth u.a.: *Coping with job stress and burnout in the human services*, in: Journal of Personality and Social Psychology, 46 (1984), H. 4, S. 865.
[27] Selye, Hans: *Stress and the General Adaptation Syndrome*, in: British Medical Journal, 1 (1950), S. 1383-1384.

und so die Gesundheit[28] gefährdet. Dabei stellt er die kognitive Bewertung und das Coping als Einflussfaktoren auf die Entstehung und Bewältigung von Stress dar, indem er beschreibt, dass Stress entsteht, wenn man ein bestimmtes Ereignis als belastend bewertet und dass der Prozess, mit welchem man auf belastende Ereignisse und damit einhergehende Emotionen reagiert, ebenfalls Einfluss auf die Entstehung von Stress und auch auf die erfolgreiche Bewältigung von diesem hat.[29]

Antonovsky, der Begründer des Konzeptes der Salutogenese,[30] geht in Anlehnung an Lazarus davon aus, dass die individuelle Gesundheit primär durch die Grundhaltung des Menschen gegenüber der Welt und des eigenen Lebens bestimmt wird.[31] So ist es möglich, dass Menschen mit ähnlichen externen Konditionen und physiologischen sowie psychischen Voraussetzungen unterschiedliche individuelle Gesundheitszustände haben können.[32] Diese

---

[28] Gesundheit wird im Folgenden gemäß der Verfassung der World Health Organization (WHO) als „state of complete physical, mental and social well-being and not merely the absence of disease or infirmity" verstanden (o.V.: *Constitution of the World Health Organization*, 5. Aufl., 2006, http://www.who.int/governance/eb/who_constitution_en.pdf (09.04.13)).

[29] Lazarus, Richard S. und Folkman, Susan: *Stress, Appraisal, and Coping*, New York 1984, S. 19.
Lazarus mach jedoch auch klar, dass bestimmte Umstände, wie Folter, Todesangst, Tod eines Angehörigen o.ä. von fast jedem Menschen als stressvoll bewertet werden (s. ebd.).

[30] Salutogenese meint im wörtlichen Sinn, die „Entstehung von Gesundheit" und wurde als Konzept durch den Soziologen Aaron Antonovsky (1923–1994) ca. 1970 begründet (Bruland, Dirk und Schulz, Michael: *Das Konzept der Salutogenese*, in: Psych. Pflege Heute, Bd. 16 (2010), Heft 6, S. 289). Dabei wird die „Klassifizierung von Menschen als gesund oder krank" in der salutogenetischen Orientierung in einem „multidimensionalen Gesundheits-Krankheits-Kontinuum" gedacht. Das heißt, dass der tatsächliche Gesundheitszustand eines Menschen zwischen den diametralen Punkten der absoluten Gesundheit und der absoluten Krankheit zu lokalisieren ist, was nach Antonovsky verhindert, dass sich ausschließlich mit der Ursache von Krankheit (der Ätiologie) beschäftigt wird und dazu beträgt, auch andere Faktoren, bspw. das soziale Umfeld, Geschichte und Prägung des Einzelnen usw., zu berücksichtigen. In der Salutogenese wird also nach den Faktoren gefragt, welche dazu beitragen, dass die Position auf dem Kontinuum mindestens beibehalten und sich besser noch, in Richtung der absoluten Gesundheit verschiebt, was also gesund, bzw. gesünder macht und gesund hält. Siehe Antonovsky, Aaron: *Salutogenese. Zur Entmystifizierung der Gesundheit* (=Forum für Verhaltenstherapie und psychosoziale Praxis, Bd. 36), Tübingen 1997, S. 29-30.

[31] Mayer: S. 57.

[32] Antonovsky hatte das Konzept der Salutogenese entwickelt nachdem ihm bei der Datenanalyse einer Untersuchung über die Adaption von Frauen unterschiedlicher ethnischer Gruppen in Israel an die Menopause, an der auch Überlebende von Konzentrationslagern teilnahmen, auffiel, dass 29% der Konzentrationslagerüberlebenden

Grundhaltung wird im salutogenetischen Ansatz mit dem Kohärenzgefühl oder sense of coherence (SOC) operationalisiert. Die „Hauptthese des salutogenetischen Modells ist, daß [!] ein starkes SOC entscheidend für erfolgreiches Coping mit den allgegenwärtigen Stressoren des Lebens und damit für den Erhalt der Gesundheit ist".[33] Das Kohärenzgefühl beschreibt demnach die Lebenseinstellung, welche in der individuellen Geschichte, den Erfahrungen und dem gegenwärtigen Erleben verwurzelt ist, wobei es nach Antonovsky vor allem ein Konzept der mentalen Gesundheit darstellt.[34] SOC umfasst drei Komponenten:

> *„1. Das Gefühl der Verstehbarkeit (Sense of comprehensibility) drückt ein kognitives Verarbeitungsmuster aus, welches die Fähigkeit beschreibt, die Welt als strukturiert und geordnet wahrzunehmen.*
>
> *2. Das Gefühl der Bewältigbarkeit (Sense of manageability) beschreibt die Überzeugung, dass schwierige Situationen lösbar sind. Es geht hierbei um den Glauben, die Mittel zu besitzen, Anforderungen bewältigen zu können. Dies wirkt einem Gefühl der Hilflosigkeit entgegen.*
>
> *3. Das Gefühl der Sinnhaftigkeit bzw. der Bedeutsamkeit (Sense of meaningfulness) wurde von Antonovsky als wichtigste Komponente angesehen. Dem Leben wird mit positiven Erwartungen entgegengetreten und es wird als emotional sinnvoll angesehen. Die Anforderungen werden wahrgenommen, dass sie es wert sind, sich mit ihnen zu beschäftigen."*[35]

Erfahrungen, die unvorhersehbar, unsicher und unkontrollierbar sind, führen demnach zu einem schwachen SOC und werden mit abnehmender Gesundheit in Verbindung gebracht.[36] Das Kohärenzgefühl wird dabei maßgeblich im

---

eine gute psychische Gesundheit zuerkannt wurde. Bei der physischen Gesundheit verhielt es sich ähnlich. So fragte sich Antonovsky, warum ein Drittel der Teilnehmer der Studie, die die traumatische Erfahrung des Konzentrationslagers teilten (trotz dieser Erfahrung) als gesund eingestuft wurden und schlussfolgerte, dass das Kohärenzgefühl eine Hauptdeterminante für die individuelle Position auf dem Gesundheits-Krankheits-Kontinuum darstellen muss. Siehe Antonovsky: S. 15 und zur Studie ausführlicher Antonovsky: S. 71-89.

[33] Ebd.: S. 150.
[34] Mayer, Claude-Hélène und Boness, Christian: *Concepts of health and well-being in managers: An organizational study*, in: International Journal of Qualitative Studies on Health and Well-being, 6 (2011), Heft 4, http://www.ijqhw.net/index.php/qhw/article/view/7143/12896 (02.05.13).
[35] Bruland und Schulz: S. 289.
[36] Mayer und Boness: S. 3.

Kindesalter, laut Antonovsky in der ersten Dekade des Lebens, aufgebaut und bleibt danach weitestgehend stabil.[37] Da die Veränderungen der Lebenssituation, welche die Erfahrung von Menschen jedes Alters gestalten, oftmals nicht möglich ist, kann eine langfristige Modifikation des SOC im Jugend- oder Erwachsenenalter gemäß Antonovsky daher nur durch die Neuinterpretation von Erfahrungen und durch Maßnahmen oder Methoden erreicht werden, die „eine langanhaltende, konsistente Veränderung in den realen Lebenserfahrungen, die Menschen machen, erleichtert".[38]

Die Ausbildung von Achtsamkeit mit meditativen Praktiken kann als eine solche Veränderung der Grundhaltung und eine Methode zur Neuinterpretation von Erfahrungen gelten, wie im sich anschließenden Kapitel offenbar (Kapitel 4), sowie anhand zweier exemplarisch ausgesuchter Praktiken (Kapitel 4.1 und 4.2) vertiefend dargestellt wird.

4. Zur Ausbildung von Achtsamkeit mit meditativen Praktiken

Achtsamkeit ist nach Kuhn und Weiser „eine besondere Form der Aufmerksamkeit", und gleichzeitig universeller Natur, denn ihre Kultivierung ist Grundgedanke vieler Traditionen,[39] welche sich der Meditation oder kontemplativer Praktiken bedienen.[40] Meditationspraktiken zur Ausbildung von Achtsamkeit finden sich z.B. in den Weltreligionen,[41] können aber auch

---

[37] Antonovsky räumt (wie auch Lazarus) ein, dass große Veränderungen im Leben oder der Umwelt, sowie traumatische Erlebnisse das SOC schwächen oder stärken können. Jedoch geht Antonovsky auch davon aus, dass es sich lediglich um eine Verschiebung des SOC um den Mittelwert handelt. Für eine dauerhafte Veränderung (Verbesserung) des Kohärenzgefühls seien dagegen bestimmte Voraussetzungen nötig, welche im Folgenden erklärt werden. Antonovsky: S. 118.

[38] Ebd.: S. 118-120.

[39] Als zentrales Prinzip östlicher Meditationswege wird Achtsamkeit religionswissenschaftlich auch als „Herz der buddhistischen Meditation" beschrieben und ist ein bedeutendes Element aller unterschiedlichen buddhistischen Richtungen wie dem Theravada-, Zen- oder tibetischen Formen des Buddhismus. Siehe Michalak, Johannes; Heidenreich, Thomas und Williams, J. Mark G.: *Achtsamkeit* (= Fortschritte der Psychotherapie, Bd. 48), Göttingen u.a. 2012, S. 8.

[40] Kuhn, Eugenia und Weiser, Regina: *Achtsamkeit und spirituelle Körperübungen*, in: Belschner, Wilfried u.a. (Hrsg.): „Achtsamkeit als Lebensform" (= Psychologie des Bewusstseins. - Texte - , Bd. 6), Hamburg 2007, S. 106.

[41] Siehe hierzu ausführlich Engel, Klaus: *Meditation: Geschichte, Systematik, Forschung, Theorie*, 2. Aufl., Frankfurt am Main u.a. 1999, S. 17-96.

unabhängig von religiösen Überzeugungen oder Bekenntnissen angewendet werden (s. Kapitel 4.2).

Meditation wird im Duden mit den Bedeutungen „[sinnende] Betrachtung" und „mystische, kontemplative Versenkung" angegeben.[42] In der buddhistischen Tradition bedeutet Meditation darüber hinaus Geistesentfaltung (Pali: bhāvanā: Meditation, Geistesentfaltung, entfalten, herbeiführen, bewirken),[43] deren Zweck das Erlangen von Erkenntnis und die Befreiung von den Ursachen des Leidens, sowie vom Leid selbst ist.[44] Mit den Worten des Physikers und Philosophen Carl Friedrich von Weizsäcker wird darüber hinaus deutlich wie Meditation wirkt:

> „*Es ist ein Stillwerden des bewußten [!] Getriebes und es meldet sich, es zeigt sich etwas, was auch vorher immer da war. Überhaupt, man wird durch die Meditation kein anderer, sondern man wird der, der man immer gewesen ist. Aber dies zeigt sich so, daß [!] das, was wir normalerweise das Bewußtsein [!] nennen, anfängt, etwas davon zu spüren und dadurch dann auch verändert wird.*"[45]

Hier zeigt sich, dass die Meditation sowohl einen Zustand („Stillwerden des bewußten [!] Getriebes"), als auch einen Prozess („dadurch dann auch verändert wird") darstellt. Um den Prozess jedoch anzuregen und in diesem voran zu kommen, wird in allen meditativen Traditionen und Methoden die regelmäßige Praxis betont, denn eine mentale Entwicklung oder Veränderung der Persönlichkeit, wie sie oben von Weizsäcker beschrieben wird und zur Veränderung der Grundhaltung führt, kann sich nur durch regelmäßige Anwendung bzw. Übung entfalten.[46]

Im Bereich der Psychologie wird die Entwicklung von Achtsamkeit als Therapieprinzip verwendet, wobei verschiedene Meditationstechniken genutzt werden, deren Ursprünge in östlichen Meditationswegen[47] und vor allem in den Methoden des Buddhismus liegen. Demnach kann die Ausbildung von

---

[42] o.V.: *Meditation*, http://www.duden.de/rechtschreibung/Meditation (04.04.13).
[43] Schoenwerth, Christine: *Einführung in die Vipassanā-Samatha-Meditation in der Frühbuddhistischen Lehre*, in: Yāna. Zeitschrift für Frühbuddhismus und religiöse Kultur auf buddhistischer Grundlage, 53 (2000), Heft 1, S. 8-9.
[44] Piron: S. 42-43.
[45] Weizsäcker, Carl Friedrich von: *Der Garten des Menschlichen. Beiträge zur geschichtlichen Anthropologie*, 2. Aufl., Wien 1992, S. 534.
[46] Piron: S. 18.
[47] Michalak; Heidenreich und Williams: S. 1.

Achtsamkeit als therapeutisches Prinzip auch als transkulturelles Phänomen betrachtet werden, da hier eine Verflechtung oder Durchmischung zweier kultureller Konzepte (s. Kapitel 2), nämlich dem der westlichen Psychotherapie und dem der Meditation als religiöse Praxis des östlichen Buddhismus, stattfindet. Es hat sich aber im medizinisch-psychotherapeutischem oder - psychologischem Bereich (noch) keine allgemein gültige Definition für den Begriff der Achtsamkeit herausgebildet. Durch Bishop (u.a.) wurde jedoch eine operationale Begriffsbestimmung in einem Konsensverfahren unterschiedlicher Forscher entwickelt. Diese beinhaltet zwei Komponenten. Zum einen ist das „self-regulation of attention so that it is maintained on immediate experience, thereby allowing for increased recognition of mental events in the present moment", und zum anderen „adopting a particular orientation toward one's experiences in the present moment, an orientation that is characterized by curiosity, openness, and acceptance".[48]

Wie die Erläuterungen zu dem Begriff der Achtsamkeit, so sind auch die nun folgenden Praktiken zur Ausbildung von Achtsamkeit sehr ähnlich und unterscheiden sich vor allem in ihrer Schwerpunktlegung. Denn Achtsamkeit wird bei der Vipassana-Meditation innerhalb des Buddhismus zur Erreichung religiöser Ziele ausgebildet (Kapitel 4.1) und die Sitzmeditation innerhalb des MBSR-Programms als Therapiemaßnahme zur Linderung verschiedener Krankheitsbilder angewendet (Kapitel 4.2).

4.1 Die Vipassana-Meditation

Die Vipassana-Meditation oder Einsichtsmeditation gehört zu den grundsätzlichen Meditationsarten der ältesten buddhistischen Tradition, der Theravada-Schule, welche die klassischen Lehren des Buddhas zur Grundlage hat. Sie beinhaltet zwei Meditationsstufen und wird üblicherweise mit geschlossenen Augen und im sogenannten Lotos-Sitz durchgeführt.[49] Die erste der beiden Stufen, die „Kultivierung oder Entfaltung der Geistesruhe/Sammlung" (Samatha), dient dabei keinem Zweck an sich, sondern stellt vielmehr die notwendige Vorbereitung der Konzentration für die zweite

---

[48] Bishop, Scott R. u.a.: *Mindfulness: A Proposed Operational Definition*, in: Clinical Psychology: Science and Practice, 11 (2004), Heft 3, S. 231-233.

[49] Der *Lotus-Sitz* wird eingenommen, da diese Haltung das „Sich-nach-Innen-Wenden" fördere und weil die aufrechte Haltung auch die „aufrechte Haltung des Geistes" symbolisieren soll. Wenn der/die Meditierende jedoch nicht in der Lage ist diese Art der Sitzposition einzunehmen, so ist das Meditieren auch sitzend oder liegend möglich. Siehe zur angestrebten Haltung Schoenwerth: S. 13-16.

Stufe, die „Entfaltung von Einsicht"[50] (Vipassana, auch Klarblick, Klarsicht oder Hellblick)[51] dar. Die Konzentration auf bestimmte Objekte,[52] möglichst ohne Abschweifen von diesen, entspricht dabei einer Geisteshaltung, welche durch beständige Übung fließend in die Meditation übergeht und eine geistige Ruhe entfaltet, um innerhalb der Versenkung „Unio, [...] Einheit, die Überwindung der Subjekt-Objekt-Spaltung, die Wiederverbindung von innerer Mitte und außen erlebter Welt"[53] anzustreben. Dabei unterscheiden sich Konzentration oder Kontemplation klar von der Meditation. Denn Konzentration verfolgt lediglich das Ziel der geistigen Sammlung und Ruhe und Kontemplation hat zwar Einsicht zum Ziel, verfolgt dieses jedoch durch absichtsvolles Denken, nicht durch den Versuch den Geist vom Denken abzubringen.[54] Um den Geist vom (unkontrollierten) Denken abzubringen, müssen gemäß der buddhistischen Lehre zuerst „fünf Hemmnisse oder Hemmungen des Geistes [...]: Sinnliches Begehren, Abneigung, Energielosigkeit, Zerstreutheit und Zweifel"[55] überwunden werden, um eine Gemütsruhe (Samatha) herzustellen, die noch vor der Konzentration den Ausgangspunkt einer jeden buddhistischen Meditation darstellt. Die Überwindung der Hemmnisse kann z.B. durch die vier rechten Kämpfe erreicht werden. Diese beinhalten Folgendes:

„1. Noch nicht zur Entfaltung gekommene unheilsame Geisteszustände nicht aufkommen lassen; 2. Bestehende unheilsame Geisteszustände ausmerzen; 3. Noch nicht entstandene heilsame Geisteszustände zu Entfaltung bringen; 4. Bereits zur Entfaltung gekommene heilsame Geisteszustände erhalten und zur Vollendung bringen"[56]

---

[50] Full, Gisela Emma: *Die Emanzipation des Geistes. Eine Betrachtung antiker Erkenntniswege für eine emanzipierende Bildung* (= Psychologie und Kultur des Bewusstseins, Bd. 1), Kröning 2010, S. 84-89.

[51] Ebd.: S. 11.

[52] Das Konzentrationsobjekt sollte dabei neutral, real und bekannt, also dem Erkennbaren oder der Wirklichkeit entnommen sein, sodass durch die Konzentration auf dasselbe keine Imaginationen, Assoziationen, Suggestionen, Zuneigung oder Ablehnung die absichtsvolle Wahrnehmung der unmittelbaren Realität stören. Siehe Schoenwerth: S. 26-27.

[53] Engel: S. 15-16.

[54] Piron, Harald: *Meditation und ihre Bedeutung für die seelische Gesundheit* (= Transpersonale Studien, Bd. 7), Oldenburg 2003, S. 18-19.

[55] Schoenwerth: S. 8.

[56] Ebd.: S. 32.

Als Meditationsobjekt wird das Beobachten des Atems empfohlen, da dieser bereits Indikator für den gegenwärtigen mentalen Zustand sein kann (kurzer, beschleunigter Atem könnte bspw. Anzeichen für Aufregung, Stress oder Anstrengung sein) und so auch über das Potenzial zur Entfaltung von Einsicht verfügt.[57] Einsicht wird innerhalb der zweiten Meditationsmethode „durch Kultivierung des Geistes in der Praxis der Meditation"[58] erschlossen, wobei die Vipassana-Meditation hier eine besondere Art der Wahrnehmung oder Achtsamkeit darstellt, welche sich auf vier Bereiche, die sogenannten vier Grundlagen der Achtsamkeit oder auch Gegenstände der Besonnenheit,[59] bezieht: „1. den Körper 2. die Gefühle und Empfindungen 3. die Geisteszustände und 4. die Inhalte des Geistes".[60] Methodisch wird also, nachdem durch die Beobachtung des Atems genügend Konzentration aufgebaut wurde, die Aufmerksamkeit systematisch zuerst durch den Körper geführt und dann auf die Gefühls- und Gedankenwelt gelenkt, sodass nach und nach alle vier Bereiche der Achtsamkeit sachlich und urteilsfrei betrachtet werden. Ziel dieser Praxis ist es, seinen Geist von Konditionierungen zu befreien, welche die Entfaltung von mentalen Qualitäten, von Einsicht („seeing what is") und Erkenntnis („total insight") behindern. Dabei wird davon ausgegangen, dass die gleichmütige Betrachtung von Empfindungen die „direkteste Art zur Aufhebung des geistigen Reaktionsverhaltens [also zur Dekonditionierung] und zur Entwicklung von Erkenntnis" darstellt.[61] Durch Selbstbeobachtung und Selbsterfahrung, findet hier eine Auseinandersetzung mit den eigenen (Körper-)Empfindungen, Gedanken und Gefühlen statt (mit den vier Merkmalen der Achtsamkeit), indem man diese selbst und auch ihr Kommen und Gehen wertungsfrei betrachtet, ohne auf eventuell auftretende Anhaftungen oder Abneigungen zu reagieren, sondern diese nur als gegeben beobachtet. So sollen (an-)gelernte Denkprozesse, übernommene Bewertungen oder auch emotionale Ausdrücke durch Sozialisationsprozesse bewusst gemacht werden, sodass diese (konditionierten) Abläufe verändert und mit Hilfe dieser Praxis auch immer wieder überprüft werden können. Die erste Methode führt dabei zu einer Art „Ich-losigkeit", Gelassenheit und gleichmütigen Haltung.[62] Innerhalb der nächsten Stufe weitet sich anschließend diese (Selbst-)Erkenntnis schrittweise

---

[57] Full: S. 85.
[58] Ebd.: S. 86.
[59] Schoenwerth: S. 26.
[60] Full: S. 86.
[61] Ebd.: S. 89.
[62] Piron: S. 52-54.

auf alle Phänomene aus, sodass die Wahrnehmung des eigenen Körpers und der eigenen Gedanken einer Art Raumunendlichkeit weicht, welche wiederum in die Erkenntnis der Bewusstseinsunendlichkeit[63] und schließlich ins Erlöschen mündet, welches den Punkt beschreibt, bei dem das „Bewusstsein über die Abwesenheit mentaler Phänomene, wie auch der Meditation selbst" eintritt. Piron erklärt, dass durch Samatha zwar „die Wurzeln von Gier, Abneigung und Ignoranz ‚in weite Ferne' gerückt sind", aber nur in der Kombination mit der zweiten Stufe (Vipassana) „alle Gifte [die durch Konditionierung entstanden sind und zu Leid führen] mit Ursache und Wurzeln für immer ausgelöscht" werden können.[64] Denn in einer durch individuelle Konditionierungen geschaffenen Welt, wie auch in der Arbeitswelt und im Management, liege der Fokus zukunftsgerichtet auf dem, was sein soll, also gewissermaßen auf einer Idee oder Schablone dessen, was wirklich ist, sodass ein tatsächlicher Kontakt mit derselben und den in ihr lebenden Mitmenschen verhindert wird und die Erfahrung der Welt auf das eigene Selbst beschränkt bleibt. Die Dekonditionierung, die Konzentration und wertungsfreie Beobachtung der Gegenwart soll dementsprechend zur Einsicht führen, zur Erkenntnis dessen was ist, um das Jetzt gestalten zu können und die Zukunft wieder zum Produkt der Gegenwart werden zu lassen.[65]

4.2 Die Sitzmeditation des MBSR-Programms

Derzeit gibt es eine Fülle achtsamkeitsbasierter Therapieverfahren, wobei sich diese gemäß Michalak (u.a.) in achtsamkeitsbasierte und achtsamkeitsinformierte Ansätze unterteilen.[66] Zugunsten des Umfangs dieser Arbeit und um den Fokus auf die meditative Entwicklung von Achtsamkeit und dessen Potenziale zu wahren, wird im Folgenden die achtsamkeitsbasierte Methode des Mindfulness-based Stress Reduction-Programm (MBSR), welches von Kabat-Zinn Mitte der 1970er entwickelt wurde, kurz umrissen[67] und

---

[63] Full: S. 82.
[64] Piron: S. 54-55.
[65] Full: S. 90-91.
[66] Michalak; Heidenreich und Williams: S. 9.
[67] Informelle Achtsamkeitsübungen der MBSR-Methode zur Integration von *Achtsamkeit* in den Alltag, sowie achtsamkeitsinformierte Methoden, welche *Achtsamkeit* zwar als zentrales Prinzip zum Gegenstand haben, aber auch andere Therapieprinzipien gleichrangig mit einbeziehen, oder die achtsamkeitsinformierte Mindfulness-based Congnitive Therapy (MBCT), welche die MBSR zur Grundlage hat, werden demnach vernachlässigt. Siehe zu diesen überblicksweise: Mace, Chris: *Mindfulness and Mental Health. Therapy, theory and science*, London und New York 2008, S. 51-71.

exemplarisch eine meditative Übung dieser Methode, nämlich die Sitzmeditation als eine der sogenannten „formelle[n] Achtsamkeitsübungen"[68] näher erläutert.

Bei dem MBSR-Programm handelt es sich um ein einmal wöchentlich durchgeführtes Gruppenprogramm, das ca. zwei Monate dauert und bei welchem verschiedene Achtsamkeitsübungen durchgeführt werden. Die Gruppe findet sich meist für etwa 2,5 Stunden zusammen und bespricht nach der jeweiligen Achtsamkeitsübung individuelle Erfahrungen mit dieser oder eventuell aufgetretene Schwierigkeiten bei der Anwendung. Die Teilnehmer werden zudem angehalten, die erlernten oder wiederholten Übungen privat, außerhalb der Treffen, am besten täglich auszuführen.[69]

Ursprünglich wurde das Programm als ergänzende Maßnahme bei der Behandlung von Patienten mit chronischen Schmerzen entwickelt. Inzwischen wird es ergänzend darüber hinaus bspw. auch bei psychologischen Krankheitsbildern, bei emotionalen oder Verhaltensstörungen,[70] wie z.B. bei Angst- oder Essstörungen, Depression, Stress, Hauterkrankungen, zur Rückfallprophylaxe bei Substanzabhängigkeit[71] oder zur Raucherentwöhnung[72] eingesetzt. Trotz der Popularität des MBSR-Programms steckt die wissenschaftliche Evaluierung seiner Wirksamkeit noch in den Anfängen. In den vorhandenen Studien ist bisher eine deutliche Reduzierung von psychologischen Leiden, die mit medizinischer Krankheit einhergehen dokumentiert (z.B. die Reduzierung von Depression, Stress und Angst bei Brustkrebspatientinnen),[73] sowie die Minderung von Stress und die Verbesserung des emotionalen

---

[68] Michalak; Heidenreich und Williams: S. 9.
[69] Michalak; Heidenreich und Williams: S. 40.
[70] Bishop u.a.: S. 231.
[71] Michalak; Heidenreich und Williams: S. 10.
[72] Siehe hierzu Altner, Nils: *Zwischen Sucht und Sehnsucht. Achtsamkeitsmeditation als Weg zur Raucherentwöhnung*, in: Belschner, Wilfried u.a. (Hrsg.): „Transpersonale Forschung im Kontext (= Transpersonale Studien, Bd. 2), Oldenburg 2002, S. 337-350.
[73] Siehe hierzu bspw. ausführlich: Tacón, Anna M., Caldera, Yvonne M. und Ronaghan, Catherine: *Mindfulness-Based Stress Reduction in Women with Breast Cancer*, in: Families, Systems, & Health, 22 (2004), Heft 2, S. 193-203.

Wohlbefindens in nicht-klinischen Studien nachgewiesen[74] (z.B. bei Studenten).[75]

Die Sitzmeditation beginnt mit dem achtsamen Verfolgen des Atems. Wie der Name andeutet, wird in einer bequem aufrecht sitzenden Position, auf einem Stuhl oder Kissen am Boden meditiert. Die ideale Dauer dieser Übung beträgt 30 bis 40 Minuten, jedoch wird angesichts der anfänglichen Anstrengung bei lange unbewegt aufrechtem Sitzen, sowie aufgrund der Notwendigkeit starker Konzentration vorerst eine verkürzte Dauer von 10 bis 15 Minuten empfohlen. Kuhn und Weiser weisen hierzu darauf hin, dass die Meditationspraxis und die Ausbildung der Achtsamkeit vor allem am Anfang ein bestimmtes Maß an Disziplin abverlangt und Achtsamkeit, wenn diese zu einem Zustand der inneren Haltung werden soll, regelmäßig geübt werden muss (vgl. Kapitel 4).[76] Bei der Sitzmeditation wird also anfangs der Atem und hierbei vor allem die Empfindung beim Ein- und Ausatmen im Unterbauch achtsam wahrgenommen und bei Ablenkung kurz festgestellt, wohin die Gedanken schweifen, um anschließend willentlich die Konzentration wieder auf den Atem zu lenken. Vergleichbar zur Vipassana-Meditation erfolgt eine Verlagerung der Aufmerksamkeit, sobald die Konzentration auf den Atem stabil ist und das Abschweifen kaum mehr auftaucht. Die Aufmerksamkeit wird dann auf den ganzen Körper gerichtet und auch Empfindungen einzelner Körperregionen wie Verspannung, Unruhe oder Nichtempfindung bewusst, achtsam und in einer nicht wertenden Haltung, welche von „Akzeptanz, Offenheit und Neugierde" geprägt ist, wahrgenommen. Jedem Bereich soll dabei das gleiche Niveau an Aufmerksamkeit entgegengebracht werden. Ziel ist es jedoch, den Körper vielmehr als Ganzes zu fokussieren und sich zu vergegenwärtigen („Ganzkörperbewusstheit"), während man sich weiterhin der Atmung bewusst ist. Ist das erreicht, weitet sich die Aufmerksamkeit auf die Umgebung oder auftauchende Gedanken aus. Dabei lautet die Anweisung einfach „achtsam mit dem zu sein, was immer von Augenblick zu Augenblick auftaucht".[77]

Was sich idealerweise bei dieser Praxis einstellt und mit der Fokussierung geübt wird, ist die „Entwicklung einer offenen und im Hier-und-Jetzt verankerten

---

[74] Bishop u.a.: S. 231.
[75] Siehe hierzu Lynch, Siobhan u.a.: *Mindfulness-based Coping with University Life: A Non-randomized Wait-list-controlled Pilot Evaluation*, in: Stress and Health, 27 (2011), Heft 5, S. 365-375.
[76] Kuhn und Weiser: S. 106-107.
[77] Michalak; Heidenreich und Williams: S. 47.

Aufmerksamkeit", welche beim Abschweifen der Fokussierung immer wieder geduldig auf das Konzentrationsobjekt zurückkommt.[78] Weitere Ziele sind die direkte Erfahrung des eigenen Körpers, das willentliche Ausrichten und Lösen der eigenen Aufmerksamkeit, sowie die nicht-wertende Akzeptanz der Gegenwart auch in alltäglichen Situationen. Zudem kann eine tiefe Entspannung durch das hineinatmen in bestimmte Körperregionen erreicht werden, die sich z.B. strapaziert oder verkrampft anfühlen. Dabei wird durch die Einatmung die Aufmerksamkeitslenkung auf diesen Bereich eingeleitet und beim Ausatmen das Gefühl des Loslassens oder Lösens dieser Empfindung entwickelt.[79]

Am stärksten zeigt sich die Vergleichbarkeit von Vipassana- und Sitzmeditation-Meditation im weiteren Übungsverlauf, bei welchem dazu aufgefordert wird, die Achtsamkeit gezielt auf problematische Empfindungen (Schmerz, Stress, Angst o.ä.) oder Erfahrungen (Streit, Trauma usw.) zu lenken, also vergleichbar zur Vipassana-Meditation alle vier Gegenstände der Besonnenheit (s. Kapitel 4.1) zu betrachten. Michalak (u.a.) bezeichnen dies als achtsames Wahrnehmen der „körperlichen Manifestationen des Problems",[80] also dessen, was die jeweilige Empfindung mit dem Körper des Meditierenden macht (Engegefühl in der Brust, allgemeine Anspannung, hochgezogene Schultern usw.). Hierbei wird vor allem der Aspekt der Akzeptanz geübt und nicht das Problem an sich angegangen, sondern vielmehr ein anderer Umgang mit diesem erlernt. Michalak (u.a.) beschreiben mögliche Auswirkungen dieses Wechsels der Einstellung wie folgt:

> *„Die Erfahrung, dass die Unruhe nicht ‚Ich' ist, dass es also im gegenwärtigen Moment noch viele weitere Aspekte gibt und ich nicht auf die Unruhe beschränkt bin; die Erfahrung, dass mir auch die Vergänglichkeit der Unruhe bewusst wird und ich trotz oder mit der Unruhe mein Vertrauen in das grundsätzliche Gut-sein jeder Erfahrung nicht verlieren muss [...]; die Erfahrung, dass ich die Unruhe aushalten kann und sie nicht, die von mir befürchteten Konsequenzen hat, die der tiefere Grund dafür sein können, dass ich die Unruhe los werden will"*[81]

---

[78] Ebd.: S . 35-36.
[79] Kabat-Zinn, Jon: *Gesund durch Meditation. Full Catastrophe Living*, München 2011, S. 116-118.
[80] Michalak; Heidenreich und Williams: S. 48.
[81] Ebd.: S. 48-49.

Nachdem im Vorangegangenen dargestellt wurde, wie eine Veränderung der Grundhaltung des Menschen gegenüber sich selbst und seiner Umwelt bewirkt werden kann (s. auch Kapitel 4 und 4.1), soll nun genauer auf die positiven Auswirkungen dieser Änderung für die Bewältigung der Herausforderungen im transkulturellen Management eingegangen werden.

5. Zum Potential von Achtsamkeit für die Bewältigung der Herausforderungen im transkulturellen Management

Piron legt empirisch dar, dass die regelmäßige Praxis von Meditation bereits ein allgemeines Wohlbefinden auslöst. Entscheidend für den positiven Wirkungsgrad sei jedoch nicht die Form oder Tradition der Meditation, sondern vielmehr die erreichte Meditationstiefe.[82] Diese bezeichnet gemäß Piron die erfahrbare „Tiefendimension des Bewusstseins" und drückt sich beispielsweise im Umgang mit Meditationshindernissen aus. Das heißt, je mehr Energieaufwand man benötigt in der Meditation zu bleiben oder die Konzentration aufrecht zu erhalten, desto flacher ist die Meditationstiefe.[83] Im Folgenden wird daher davon ausgegangen, dass die Ausbildung von Achtsamkeit unabhängig von der Methode, die aufzulistenden positiven Wirkungen hat, auch wenn die entsprechenden Erkenntnisse aus Studien hervorgehen, welche unter anderen zudem Meditationsmethoden untersuchten, die hier nicht näher erläutert wurden.[84] Die Effekte der Achtsamkeitsübung, welche sich besonders günstig auf die Bewältigung der steigenden Anforderungen, sowie im Speziellen zudem auf transkulturelle Kompetenzen auswirken, werden zugunsten der Übersicht in zwei Teile gegliedert. Dabei beschäftigt sich Kapitel 4.1 im Schwerpunkt mit den gesundheitsfördernden und -erhaltenden Wirkungen, woran sich die Einflüsse der Achtsamkeit auf Managementaufgaben und transkulturelle Kompetenz im Kapitel 4.2 anschließen.

5.1 Die Ausbildung der Achtsamkeit zur Gesundheitsförderung und -erhaltung

Die Meditation und Ausbildung von Achtsamkeit kann unter anderem als eine Art Entspannungstechnik angesehen werden. Das ruhige Sitzen oder Liegen und atmen, das bewusste zur Ruhe kommen von Körper und Geist und das sich Zeit

---

[82] Piron: S. 281.
[83] Ebd.: S. 200-201.
[84] Siehe zu den entsprechenden Studien bspw. Engel: S. 221-261 oder Piron: S. 178-195.

dafür nehmen, wirkt sich beruhigend auf den Geist aus, sodass empirisch beispielsweise die Wirksamkeit achtsamkeitsbasierter Methoden bei Schlaflosigkeit und körperlichen Verspannungen nachgewiesen ist.[85] Darüber hinaus macht Walach deutlich, dass Achtsamkeit, die in Kapitel 4.2 dargestellte Konzentration auf das Hier-und-Jetzt, sowie auf die Gedanken- und Gefühlswelt (Kapitel 4.1), „leads to a partial decoupling between mental events and voluntary or involuntary actions, including physical reactions".[86] Dies löst gemäß Walach als Konsequenz einen gelasseneren und ausgeglicheneren emotionalen, sowie affektiven Zustand aus, der wiederum eine gute Voraussetzung für Stressresistenz und -belastbarkeit darstellt.[87]

Mit der meditativen Praxis und Ausbildung von Achtsamkeit kann auf die genannten Faktoren der Stressausbildung eingewirkt und eine Bewältigung vorangetrieben werden. Denn mit dieser wird statt der (automatisierten) Stressreaktion ein bewusster Umgang mit Stress und Stressoren geübt, sodass vormals als stressauslösend bewertete Ereignisse nun neu betrachtet werden können und ein nicht belastender, angemessener, offener und kreativer Umgang mit anspannenden, schwierigen Situationen oder Emotionen gepflegt wird.[88] Indem Achtsamkeit die Beziehung zur Erfahrung verändert, setzt sie am salutogenetischen Modell an und kann zur signifikanten Steigerung des Kohärenzgefühls und damit auch zur Gesunderhaltung beitragen.[89]

Es soll hier jedoch auch kurz erwähnt werden, dass es bei der Meditation auch zu negativen Effekten wie zur Konfusion, erhöhter Sensitivität oder zur Derealisation kommen kann.[90] Diese werden bisher vor allem auf veränderliche Faktoren wie Vorbedingungen (laute Umgebung, persönliche Angespanntheit, Störungen usw.), auf die Begleitung (bspw. Verhältnis zum Lehrer, Mentor, Psychotherapeuten) oder auf die Meditationsmethode selbst, die vielleicht für das Individuum zur Erreichung der persönlichen Ziele nicht geeignet ist oder

---

[85] Engel: S. 225-226.

[86] Walach, Harald u.a.: *Mindfulness-Based Stress Reduction as a method for Personnel Development: A Pilot Evaluation*, in: International Journal of Stress Management, 14 (2007), H. 2, S. 189.

[87] Ebd.

[88] Kabat-Zinn: S. 356-357.

[89] Buchheld, Nina und Walach, Harald: *Achtsamkeitsmeditation in Vipassana-Meditation und Psychotherapie. Forschungsstand und aktuelle Perspektiven*, in: Belschner, Wilfried u.a. (Hrsg.): „Perspektiven transpersonaler Forschung" (= Transpersonale Studien, Bd. 1), Oldenburg 2001, S. 72.

[90] siehe hierzu Engel: S. 350-353.

von der jeweiligen Person nicht angenommen wird, zurückgeführt. Wenn diese Faktoren jedoch entsprechend angepasst werden, geht man derzeit davon aus, dass negative Effekte der Meditation vermieden werden können.[91]

In Kapitel 4.1 wurde die Wirkung der Dekonditionierung besprochen, die hier beispielhaft als Verdeutlichung der erwähnten Umdeutung herangezogen werden kann. So ist die Möglichkeit gegeben, dass Stress schon in seiner Entstehung verhindert wird. Sollte eine Situation jedoch nicht anders als belastend bewertet werden können, sodass Stress ausgelöst wird, bietet auch hier die meditative Übung der Achtsamkeit einen veränderten Umgang mit Stress an und führt oftmals zu einer schnelleren Bewältigung von diesem. Ein Beispiel dafür ist der Umgang mit Zeitmangel, der sich laut Kabat-Zinn zu „einem der wichtigsten Stressfaktoren entwickelt hat".[92] Durch die Übung der Abwendung vom zukunftsgerichteten Fokus dessen was sein soll auf die Gegenwart (siehe Kapitel 4.1), ist ein heraustreten aus dem „Fluss der Zeit", ein „bewusstes Loslassen der Zeit" möglich, was Gelassenheit, Entspannung und Zentriertheit fördere.[93] Auch körperliche Beschwerden oder Krankheitsbilder wie (chronische) Rücken-, Nacken-, oder Kopfschmerzen, sowie Bluthochdruck können durch die Ausbildung dieser Qualitäten innerhalb des Achtsamkeitstrainings gelindert werden.[94] Neben der Reduzierung von Schmerzen, sowie der Senkung des Blutdrucks, gehört darüber hinaus die Verminderung von Angst und Depression oder Niedergeschlagenheit zu den bedeutendsten Vorteilen der Ausbildung von Achtsamkeit mittels meditativer Praktiken, welche durch Stress ausgelöst werden können oder Stress verursachen. Bei Kohls (u.a.) wird der Rückgang von Angst und Depression dabei auf den „Acceptance factor of mindfulness" zurückgeführt.[95] Dementgegen erklärt Full, dass die Aufgabe bei der Meditation bei der Ausbildung von Achtsamkeit auch darin bestehe „den Geist sukzessive [!] von Konditionierungen zu befreien, um so zu total insight oder seeing what is zu gelangen und damit gleichzeitig den Weg für positive geistige Qualitäten wie Liebe, Mitgefühl, Freude und Besonnenheit zu ebnen".[96] Die reine Übung von

---

[91] Ebd.: S. 353-366.
[92] Kabat-Zinn: S. 461.
[93] Ebd.: S. 461-462.
[94] Engel: S. 222-223, 226-228.
[95] Kohls, Niko u.a.: *Facets of mindfulness – Results of an online study investigating the Freiburg mindfulness inventory*, in: Personality and Individual Differences, 46 (2009), S. 224.
[96] Full: S. 82.

Akzeptanz bei der Entwicklung von Achtsamkeit mit meditativen Praktiken ist demnach nicht ausreichend um Angst, Niedergeschlagenheit oder ähnlich negative, hindernde und leistungssenkende Gemütszustände zu reduzieren, diesen vorzubeugen oder sie aufzuheben. Vielmehr entwickeln sich durch die Meditationsübungen auch die oben beschriebenen „geistige[n] Qualitäten" weiter, welche den Gemüts- und Bewusstseinszustand immer mehr durch Übung positiv beeinflussen[97] und die Anfälligkeit für negative Gefühle insgesamt reduzieren, sowie ein emotionales Gleichgewicht herstellen.[98]

Die erfolgreiche Bewältigung von Managementaufgaben auch mittels transkultureller Kompetenz stellt ebenfalls einen wichtigen Faktor für die Gesundheit und das Wohlbefinden von Managern dar. Mit dem Potenzial von Achtsamkeitsübungen für die Arbeit im transkulturellen Management befasst sich daher das nun folgende Kapitel.

5.2 Zum Potenzial von Achtsamkeit im transkulturellen Management

Die (Ein-)Übung und Ausbildung der Achtsamkeit verfügt über das Potential Manager zum einen in der Verrichtung ihrer klassischen Aufgaben, als auch bei der Entfaltung ihrer transkulturellen Kompetenzen wesentlich zu unterstützen. Beispielsweise wird mit der Konzentration auf ein bestimmtes Objekt und der achtsamen Wahrnehmung bei der Meditation das Vermeiden von (unfreiwilliger) Geistesabwesenheit geübt, sodass man in die Lage versetzt wird, auch in alltäglichen Situationen, z.B. am Arbeitsplatz, ganz im Hier-und Jetzt zu sein. Dadurch wird nicht nur die Informationsaufnahme und -verarbeitung begünstigt, die beispielsweise gerade für die klassischen Managementaufgaben wie Planung, Organisation und Kontrolle essentiell ist, sondern laut Sauer (u.a.) auch Erfahrungsvermeidung abgeschwächt.

Erfahrungsvermeidung bedeute, dass „man unangenehme Gedanken – ebenso wie unliebsame Tätigkeiten oder Begegnungen – gerne vermeidet bzw. sogar unterdrückt und aktiv ausblendet".[99] Denn durch transkulturelle Interaktionen, Kommunikation, Situationen internationaler Geschäftsbeziehungen und Konflikte, sowie eventuell durch den Umzug in ein neues kulturelles Umfeld

---

[97] Siehe hierzu ebd.: S. 83.
[98] Lynch: S. 165. Siehe zur Methode und Wirkung auch Kapitel 4.1, die vier rechten Kämpfe und Kapitel 4.2, über die Auswirkungen dieses Wechsels der Einstellung.
[99] Sauer, Sebastian u.a.: *Mindful Leadership: Sind achtsame Führungskräfte leistungsfähigere Führungskräfte?*, in: Gruppendynamik und Organisationsberatung, 42 (2011), H. 4, S. 342.

wird beispielsweise oft Stress ausgelöst.[100] Achtsamkeit erleichtert den Umgang mit Fehlern oder Widrigkeiten, sodass „empirischen Ergebnissen zufolge problematische Situationen unvoreingenommener und damit differenzierter angegangen werden können",[101] und es nicht zur Erfahrungsvermeidung kommt, oder dieser Impuls zumindest deutlich abgeschwächt wird. Darüber hinaus weicht auch Angst vor beruflichen Begegnungen oder Meetings positiven Gefühlen und mit konstanter Übung, werden sich zudem weitere positive Effekte einstellen, wie beispielsweise „unshakeable sense of trust in life, a deepening (but light-hearted) compassion, and a sense of profound love".[102] Das unerschütterliche Vertrauen in das Leben begünstigt dabei das Kohärenzgefühl und hat so einen positiven Einfluss auf die Gesunderhaltung (s. Kapitel 3). Zudem sind die erwähnten Gefühle umspannender Natur und bspw. profound love richtet sich nicht nur auf das Selbst des Praktizierenden. Es wird also nicht „managerialism", als „fatasies of being in the elite, being grandios and omnipotent",[103] wie Magala erklärt, oder das Gefühl von Managern „masters of the universe"[104] zu sein gefördert. Vielmehr wird eine neue Sensibilität zu anderen und dem eigenen Umfeld insgesamt ausgebildet, sowie die „capacity of self-regulation" erhöht[105] und narzisstische Tendenzen abgebaut (vgl. Kapitel 4.1).[106]

All die oben erwähnten Fertigkeiten, Einstellungen und Veränderung der inneren Haltung würden (auch) bei transkulturellen Begegnungen helfen und Kompetenzen wie conflict management, self management skills, tolerance for ambiguity, oder emotion management skills fördern. Zudem hat die Übung der Konzentration und das konsequente Zurückkommen zu dieser, positiven Einfluss auf die Konzentrationsfähigkeit. Angesichts der hohen Belastungen und

---

[100] Mayer: S. 83.
[101] Sauer u.a.: S. 342.
[102] Mace: S. 41.
[103] Magala, Sławomir: *Cross-Cultural Competence*, New York 2005, S. 3.
[104] Grey: S. 126.
[105] Mace: S. 41, 101.
[106] Es gibt derzeit keine Studie die darüber Aufschluss gibt, ob beispielsweise das Erreichen der ersten Stufe bei der Vipassana-Meditation, Samatha allein (welche zwar „die Wurzeln von Gier, Abneigung und Ignoranz ‚in weite Ferne' [rückt]" (s. Kapitel 4.1)) zum Abbau narzisstischer Tendenzen führt, oder nur die zweite Stufe Vipassana dies bewirken kann. Dies muss hier offen bleiben. Es wird jedoch davon ausgegangen, dass die Übung der Achtsamkeit generell zu einer Fokusverschiebung, zu Entspannung, Selbstaktualisierung (Einssein mit sich) und Selbsttranzendenz (Einssein mit allem) führt, sodass egozentrische Selbstbezogenheit, also Narzissmus, überwunden wird. Siehe Piron: S. 17, 203.

häufigen Unterbrechung des Arbeitsflusses von Managern, kann die Achtsamkeitsübung demnach dabei helfen, Managementaufgaben effizienter zu gestalten, Fehler zu vermeiden[107] und eignet sich darüber hinaus die Lernfähigkeit zu steigern, was die Ausbildung von transcultural communication competence oder auch von information processing skills begünstigt.[108]

Das wertungsfreie Wahrnehmen des Körpers, der eigenen Gefühle, Empfindungen und Gedanken diene weiterhin nicht nur der Übung von Selbstreflexion und der regelmäßigen Ausübung derselben, sondern verbessere zudem Empathie- und Konfliktfähigkeit. Dabei folgt Engel beispielsweise der Argumentation, dass durch Achtsamkeit als besondere Form der Aufmerksamkeit, zum einen Offenheit und zum anderen durch die Konzentrationsübung auch die Konzentration auf, oder Aufmerksamkeit gegenüber anderen Personen gefördert werde. Dies führe zu der erwähnten Verbesserung von Empathie- und Konfliktfähigkeit, also des sich in andere Hineinversetzens oder Einfühlens und des ruhigen, unvoreingenommenen fokussieren eines Problems, sodass dieses gelöst werden kann und unterstützt somit die Kompetenz dissimilarity openness (vgl. Kapitel 2).[109]

Zusammenfassend sind folgende positive Faktoren gelungener Meditation und Ausbildung von Achtsamkeit insgesamt, aber auch mit bedeutender Relevanz für Manager in transkulturellen Kontexten aufgelistet:

„1. *Entspannung, Ruhe, Gelassenheit [non-attachment]*

2. *Erhöhte Stresstoleranz*

3. *Aktivität und Wachheit*

4. *Selbsterfahrung (Identität, Integrität, Akzeptanz)*

5. *Unabhängigkeit, Autonomie*

6. *Geringerer Druck zur Defensive [erhöhte Toleranz]*

7. *Größere Stimmungsstabilität und Affektkontrolle*

---

[107] Sauer u.a.: S. 342.

[108] Dass *Achtsamkeit* einen positiven Einfluss auf die Lernfähigkeit haben kann zeigt die Einbeziehung der Verbesserung des Lernens in der Studie von Lynch (u.a.) zur achtsamen Bewältigung von universitärem Leben, die sich vor allem an Studenten richtete (s. Lynch).

[109] Engel: S. 232-233.

8. Harmonische, heitere Gelassenheit und Zufriedenheit

9. Verbesserte Wahrnehmung und Konzentration

10. Erhöhter Einfallsreichtum, verbesserte Leistungsfähigkeit und Kreativität

11. Verbesserte Beziehungsfähigkeit

12. [Verbesserung der Gefühlsbereiche:] Liebe, Mitleid, Mitfreude, innerer Gleichmut und Frieden"[110]

Auswirkungen dieser positiven Eigenschaften am Arbeitsplatz sind „geringere Spannung unter den Mitarbeitern, weniger Ärger, Arroganz und Neid – wie auch Verbesserung[en] für den Betrieb: Steigerung der Arbeitsqualität und -quantität sowie Wachstum des Betriebsvermögens".[111]

6. Fazit

Wie im Vorangegangenen gezeigt werden konnte, verfügt die Ausbildung und Entfaltung von Achtsamkeit über gewichtiges Potenzial Manager und Führungskräfte sowohl bei gesundheitlichen und transkulturellen Herausforderungen, als auch in der Ausführung ihrer klassischen Managementaufgaben zu unterstützen. Zum einen, weil Achtsamkeit und ihre meditative Ausbildung eine Methode im Sinne des salutogenetischen Konzepts darstellt, welches durch eine grundsätzliche Änderung der Rezeption von Erfahrung die Gesundheit, trotz des Umfelds und der einwirkenden Stressoren oder Stressauslöser, erhält und fördert (s. Kapitel 3, 5.1). Zum anderen löst diese Änderung der Rezeption von Erfahrung eine offene, im Hier und Jetzt verankerte Haltung, eine gesteigerte Akzeptanz, Offenheit und Neugierde aus und wirkt Erfahrungsvermeidung entgegen, was auch für die Ausübung klassischer Managementaufgaben von Bedeutung ist und positive Auswirkungen für die Mitarbeiter und das Unternehmen hat. Vor allem aber werden dadurch die besonderen Herausforderungen im transkulturellen Management, nämlich die Konstruktion von Stetigkeit und Ordnung, das Realisieren von potentiellen Synergien aus gegebener kultureller Vielfalt und die Verflechtung über

---

[110] Piron: S. 186.
[111] Engel: S. 246.

Unterschiede hinweg (s. Kapitel 2), sowie die Ausbildung, Entwicklung und Entfaltung aller in Kapitel 2 aufgelisteten transkulturellen Kompetenzen gefördert (s. Kapitel 5.2). Durch die stetige Übung von Konzentration wird darüber hinaus die Informationsaufnahme und -verarbeitung verbessert, was zu einer Senkung von Fehlern führen kann und somit die Arbeitsqualität erhöht.

Der Vorteil bei der Methode der (Ein-)Übung von Achtsamkeit besteht dabei darin, dass diese ihre Wurzeln zwar im Buddhismus hat (s. Kapitel 4, 4.1), jedoch auch ohne religiöse Zielsetzung oder religiöse Inhalte praktiziert werden kann (s. Kapitel 4.2), bzw. nicht auf diese angewiesen ist (s. vergleichende Kommentare zwischen der Vipassana- und der Sitzmeditation), da die Wirksamkeit durch die Meditationstiefe, sowie die regelmäßige Praxis bestimmt ist. So kann der Einzelne, die für ihn oder sie geeignetste aus einer Vielzahl unterschiedlicher Methoden der (Ein)Übung von Achtsamkeit auswählen, um den beschriebenen negativen Effekten der meditativen Praxis (s. Kapitel 5.1) entgegenzuwirken bzw. diese zu verhindern und auch, um einen erleichterten Zugang zu dieser Praxis zu erhalten.

Auch wenn die (Ein-)Übung der Achtsamkeit vielleicht in Zukunft zu den Lehrinhalten an Universitäten gehört (vgl. La Roche), so bleibt zum einen offen, inwieweit Unternehmen voraussetzten können, dass ausgebildete Manager bereits in breitem Maß über Kompetenzen verfügen gesund zu bleiben und sich in anderen Umgebungen zurechtzufinden und welche Verantwortung dem Unternehmen selbst dafür zukommt. Zum anderen ist auch zu fragen, inwieweit Unternehmen die Ausbildung, Entwicklung und Entfaltung dieser Kompetenzen mit der Methode der (Ein-)Übung von Achtsamkeit fördern und in den Arbeitsalltag oder in die Unternehmenskultur implementieren können. Zuletzt kann derzeit auch nicht beantwortet werden, inwieweit narzisstische Tendenzen durch meditative Praxis der Achtsamkeit tatsächlich abgebaut werden (s. Kapitel 5.2) und welchen Einfluss dies auf Bereiche wie bspw. die Wirtschaftsethik haben könnte.

Abschließend möchte ich mich daher Majumdar und Walach anschließen, die als Fazit zu ihrer Evaluationsstudie „Achtsamkeitsmeditation und Gesundheit: Eine Outcome-Evaluation" feststellen, dass eine weitere Erforschung der meditativen (Ein-)Übung von Achtsamkeit wissenschaftlich, sowie gesundheitsökonomisch erfolgsversprechend und ich möchte hinzufügen, auch für den Bereich des transkulturellen Managements vielversprechend ist.[112]

---

[112] Majumdar, Marcus und Walach, Harald: *Achtsamkeitsmeditation und Gesundheit. Eine Outcome-Evaluation*, in: Belschner, Wilfried u.a. (Hrsg.): „Perspektiven transpersonaler Forschung" (= Transpersonale Studien, Bd. 1), Oldenburg 2001, S. 88.

7. Literatur und Quellenverzeichnis

Altner, Nils: Zwischen Sucht und Sehnsucht. Achtsamkeitsmeditation als Weg zur Raucherentwöhnung, in: Belschner, Wilfried u.a. (Hrsg.): „Transpersonale Forschung im Kontext" (= Transpersonale Studien, Bd. 2), Oldenburg 2002, S. 337-350.

Antonovsky, Aaron: Salutogenese. Zur Entmystifizierung der Gesundheit (=Forum für Verhaltenstherapie und psychosoziale Praxis, Bd. 36), Tübingen 1997.

Buchheld, Nina und Walach, Harald: Achtsamkeitsmeditation in Vipassana-Meditation und Psychotherapie. Forschungsstand und aktuelle Perspektiven, in: Belschner, Wilfried u.a. (Hrsg.): „Perspektiven transpersonaler Forschung" (= Transpersonale Studien, Bd. 1), Oldenburg 2001, S. 65-86.

Bishop, Scott R. u.a.: Mindfulness: A Proposed Operational Definition, in: Clinical Psychology: Science and Practice, 11 (2004), H. 3, S. 230-241.

Bruland, Dirk und Schulz, Michael: Das Konzept der Salutogenese, in: Psych. Pflege Heute, Bd. 16 (2010), H. 6, S. 289-292.

Engel, Klaus: Meditation: Geschichte, Systematik, Forschung, Theorie, 2. Aufl., Frankfurt am Main u.a. 1999.

Full, Gisela Emma: Die Emanzipation des Geistes. Eine Betrachtung antiker Erkenntniswege für eine emanzipierende Bildung (= Psychologie und Kultur des Bewusstseins, Bd. 1), Kröning 2010.

Grey, Chris: A very short, fairly interesting and reasonably cheap book about Studying Organizations, 2. Auflg., London 2009.

Han, Byung-Chul: Müdigkeitsgesellschaft, Berlin 2010.

Kabat-Zinn, Jon: Gesund durch Meditation. Full Catastrophe Living, München 2011.

Kohls, Niko u.a.: Facets of mindfulness – Results of an online study investigating the Freiburg mindfulness inventory, in: Personality and Individual Differences, 46 (2009), S. 224-230.

Kuhn, Eugenia und Weiser, Regina: Achtsamkeit und spirituelle Körperübungen, in: Belschner, Wilfried u.a. (Hrsg.): „Achtsamkeit als Lebensform" (= Psychologie des Bewusstseins. - Texte - , Bd. 6), Hamburg 2007, S. 105-131.

La Roche, Julia: Georgetown's Business School Will Now Offer A Meditation Class Inspired By Hedge Fund God Ray Dalio, in: Business Insider, http://www.businessinsider.com/georgetown-university-meditation-class-2013-4 (25.04.13).

Lazarus, Richard S. und Folkman, Susan: Stress, Appraisal, and Coping, New York 1984.

Lynch, Siobhan u.a.: Mindfulness-based Coping with University Life: A Non-randomized Wait-list-controlled Pilot Evaluation, in: Stress and Health, 27 (2011), H. 5, S. 365-375.

Mace, Chris: Mindfulness and Mental Health. Therapy, theory and science, London und New York 2008.

Magala, Sławomir: Cross-Cultural Competence, New York 2005.

Majumdar, Marcus und Walach, Harald: Achtsamkeitsmeditation und Gesundheit

Eine Outcome-Evaluation, in: Belschner, Wilfried u.a. (Hrsg.): „Perspektiven transpersonaler Forschung" (= Transpersonale Studien, Bd. 1), Oldenburg 2001, S. 87-116.

Mayer, Claude-Hélène: The Meaning of Sense of Coherence in Transcultural Management. A salutogenetic Perspective on Interactions in a selected South African Business Organisation, (= Internationale Hochschulschriften, Bd. 563), Münster u.a. 2011.

Mayer, Claude-Hélène und Boness, Christian: Concepts of health and well-being in managers: An organizational study, in: International Journal of Qualitative Studies on Health and Well-being, 6 (2011), Heft 4, http://www.ijqhw.net/index.php/qhw/ar-ticle/view/7143/12896 (02.05.13).

Michalak, Johannes; Heidenreich, Thomas und Williams, J. Mark G.: Achtsamkeit (= Fortschritte der Psychotherapie, Bd. 48), Göttingen u.a. 2012.

Nadig, Maya: Transculturality in Progress. Theoretical and Methodological Aspects drawn from Cultural Studies and Psychoanalysis, in: Sandkühler, Hans Jörg und Stekeler-Weithofer, Pirmin (Hrsg.): "Transculturality – Epistemology, Ethics, and Politics" (= Philosophie und Geschichte der Wissenschaften. Studien und Quellen, Bd. 57), Frankfurt a.M. 2004, S. 9-21.

o.V.: Constitution of the World Health Organization, 5. Aufl., 2006, http://www.who.int/governance/eb/who_constitution_en.pdf (09.04.13).

o.V.: Meditation, http://www.duden.de/rechtschreibung/Meditation (04.04.13).

o.V.: Reaktionen auf schwere Belastungen und Anpassungsstörungen, http://www.icd-code.de/suche/icd/code/F43.-.html?sp=SDepression (17.04.13).

o.V.: Transkulturelle Schlüsselkompetenzen, http://www.transkulturelles-portal.com/index.php/9 (12.04.13).

o.V.: Yoga und Meditation für Manager, http://www.manager-im-kloster.de/semi-nare/yoga-meditation-manager.html (02.05.13).

Piron, Harald: Meditation und ihre Bedeutung für die seelische Gesundheit (= Transpersonale Studien, Bd. 7), Oldenburg 2003.

Sandkühler, Hans Jörg: Pluralism, Cultures of Knowledge, Transculturality, and Fundamental Rights, in: Sandkühler, Hans Jörg und Stekeler-Weithofer, Pirmin (Hrsg.): "Transculturality – Epistemology, Ethics, and Politics" (=Philosophie und Geschichte der Wissenschaften. Studien und Quellen, Bd. 57), Frankfurt a.M. 2004, S. 79-99.

Sauer, Sebastian u.a.: Mindful Leadership: Sind achtsame Führungskräfte leistungsfähigere Führungskräfte?, in: Gruppendynamik und Organisationsberatung, 42 (2011), H. 4, S. 339-349.

Schwartz, Theodore: Anthropology and Psychology: an unrequited relationship, in: Schwartz, Theodore u.a. (Hrsg.): "New Directions in Psychological Anthropology", Cambridge 1992, S. 324-349.

Selye, Hans: Stress and the General Adaptation Syndrome, in: British Medical Journal, 1 (1950), S. 1383-1392.

Shinn, Marybeth u.a.: Coping with job stress and burnout in the human services, in: Journal of Personality and Social Psychology, 46 (1984), H. 4, S. 864-876.

Schoenwerth, Christine: Einführung in die Vipassanā-Samatha-Meditation in der Frühbuddhistischen Lehre, in: Yāna. Zeitschrift für Frühbuddhismus und religiöse Kultur auf buddhistischer Grundlage, 53 (2000), H. 1, S. 5-50.

Schreyögg, Georg und Koch, Jochen: Grundlagen des Managements. Basiswissen für Studium und Praxis, 2. Auflage, Wiesbaden 2012.

Schwartz, Theodore: Anthropology and Psychology: an unrequited relationship, in: Schwartz, Theodore u.a. (Hrsg.): "New Directions in Psychological Anthropology", Cambridge 1992, S. 324-349.

Tacón, Anna M., Caldera, Yvonne M. und Ronaghan, Catherine: Mindfulness-Based Stress Reduction in Women with Breast Cancer, in: Families, Systems, & Health, 22 (2004), H. 2, S. 193-203.

Walach, Harald u.a.: Mindfulness-Based Stress Reduction as a method for Personnel Development: A Pilot Evaluation, in: International Journal of Stress Management, 14 (2007), H. 2, S. 188-198.

Weizsäcker, Carl Friedrich von: Der Garten des Menschlichen. Beiträge zur geschichtlichen Anthropologie, 2. Aufl., Wien 1992.

Wenderoth, Andreas: Meditation. Manager üben sich im Meditieren, in: Die Zeit Online, 27.01.2011, http://www.zeit.de/karriere/beruf/2011-01/zen-rotarier (02.05.13).

Welsch, Wolfgang: Transkulturalität – Die veränderte Verfassung heutiger Kulturen, S. 3-19, http://via-regia-kulturstrasse.org/bibliothek/pdf/heft20/welsch_trans-kulti.pdf (11.04.13).

Welsch, Wolfgang: Transkulturalität. Zur veränderten Verfaßtheit heutiger Kulturen, S. 1-4, http://www.forum-interkultur.net/uploads/tx_textdb/28.pdf (11.04.12).

Christoph Schrank

Personal- und Managemententwicklung durch Achtsamkeitsmeditation als Element eines Innovationsmanagements

2010

1. Einleitung

1.1 Wirtschaftliche Bedeutung von Innovation für Unternehmen

In der heutigen Unternehmenswelt nimmt Innovation einen enormen Stellenwert ein. Die Boston Consulting Group führte zu dieser Thematik eine Befragung durch, an welcher sich 1.590 Führungskräfte weltweit und branchenübergreifend beteiligten. Für 72 % ist im Jahr 2010 Innovation eine von den drei strategischen Top Prioritäten.[113] Diese Fokussierung rührt nicht von irgendwo her. So scheinen z.B. Produktinnovationen eng mit dem Marktanteil verknüpft zu sein. Bei einer umfassenden schriftlichen Umfrage unter mehr als 3.000 Unternehmen „[...] stellte sich heraus, dass innovative Unternehmen schneller wuchsen und Unternehmen durchschnittlich rund 23 Prozent ihrer Umsätze mit Produkten erwirtschafteten, die jünger als vier Jahre alt waren. Mehrere weitere Studien haben diese Erkenntnisse bestätigt. Eine Studie fand zum Beispiel heraus, dass neue Produkte durchschnittlich für fast 30 Prozent der gesamten Umsätze von Fertigungsunternehmen verantwortlich waren. Im Dienstleistungssektor waren es sogar 50 Prozent."[114]

Die Produktinnovation stellt jedoch nur eine Innovationsdimension dar. Diese wird durch Prozess-, Geschäftsprozess und Dienstleistungs- bzw. Serviceinnovation ergänzt.[115] So müssen Hersteller erkennen, dass Dienst-bzw. Serviceleistungen große Auswirkungen auf die Kundenzufriedenheit haben. „Zum Beispiel wechseln 50 Prozent der Autokäufer die Marke aufgrund von Unzufriedenheit mit dem After-Sales-Service. Dienstleistungen sind aber nicht nur für die Kundenzufriedenheit von Bedeutung, sie können auch einen erheblichen Umsatzbeitrag leisten, denn die Gewinnspannen von After-Sales-Serviceleistungen sind normalerweise höher als die Margen der Produkte selbst. Zum Beispiel entfallen beim Verkauf von elektronischen Systemen 13 Prozent des Umsatzes, aber 39 Prozent des Gewinns auf After-Sales-Services."[116] Eine gute Innovationsperformance kann sich also in mehreren Facetten äußern. „Produkt- oder Dienstleistungsinnovationen können durch Umsatzsteigerung Wachstum generieren, aber sie führen auch zu radikalen Veränderungen der vorhandenen Marktbedingungen beziehungsweise lassen völlig neue Märkte

---

[113] Vgl. Andrew et.al. (2010), S. 4
[114] Goffin et.al. (2009), S. 108
[115] Vgl. ebenda, S. 31
[116] ebenda, S. 135

entstehen. Prozessinnovationen können die Kostenstrukturen erheblich verändern."[117]

Hinter diesen umsatz- bzw. gewinngenerierenden Effekten steckt eine immer wiederkehrende Systematik. Diese „[...] wird als Innovationstheorie über Gewinn bezeichnet. Der verbesserte Produktnutzen oder die erheblich geringeren Prozesskosten zerstören die Preisstruktur der Märkte und ermöglichen innovativen Unternehmen, höhere Gewinne zu realisieren."[118] Deswegen verweist die Studie der Boston Consulting Group auch auf die Tatsache, dass Unternehmen, welche als weithin innovativ angesehen werden, wirtschaftlich erfolgreicher sind, als jene, für welche das nicht zutrifft.[119]

Die Wiederkehr der umrissenen Systematik hat auf den Märkten an Tempo gewonnen. Vor allem der technologische Fortschritt, die veränderten Kundenbedürfnisse, die Verschärfung des Wettbewerbs und ein dynamisches Geschäftsumfeld treiben die Marktveränderungen an und erzeugen zusammen einen erhöhten Innovationsbedarf.[120] Die Befragung der Boston Consulting Group verdeutlicht, dass ein Großteil der Führungskräfte sich dessen bewusst ist. Ohne eine gute Innovationsperformance drohen den Unternehmen bei den heutigen Marktbedingungen verstärkte Umsatz- und Gewinneinbußen.[121] Jedoch sind es zwei völlig unterschiedliche Dinge, die Notwendigkeit, innovativer zu werden, zu erkennen und Innovation zu erlangen.[122] Die Produktinnovationsperformance beispielsweise lässt sich nicht einfach durch erhöhte Investitionen in F & E steigern. Das verdeutlicht eine zum wiederholten Male durchgeführte Studie der Unternehmensberatung Booz Allen Hamilton. Sie zeigt, dass die Unternehmen mit einer starken Innovationsperformance, so genannte 'High-Leverage Innovators', weniger als ihre Konkurrenten in Forschung und Entwicklung investieren.[123] Außerdem haben Studien gezeigt, „[...] dass zahlreiche NPD-Prozesse [New Product Development, Anm. d.

---

[117] ebenda, S. 83ff.
[118] Goffin et.al. (2009), S. 105
[119] Vgl. Andrew et.al. (2010), S. 7
[120] Vgl. Goffin et.al. (2009), S. 19
[121] Vgl. ebenda, S. 24
[122] Vgl. ebenda, S. 17
[123] Vgl. Jaruzelski et.al. (2007), S. 70

Verf.] die vorgegebenen Ziele nicht erreichen und viele Produkte im Markt floppen. Auch viele Prozessinnovationen scheitern"[124].

So bleibt die Frage offen, wie sich nachhaltig eine erhöhte Innovationsperformance erzielen lässt. Welche Ansatzpunkte kann man verfolgen und welche von diesen scheinen die Haupttreiber für die Innovationsperformance zu sein. Dieser Aspekt wird in Punkt 1.2 der Arbeit behandelt. Im 2.Kapitel werden mögliche Innovationsbarrieren diesbezüglich aufgezeigt und in Kapitel 3 eine mögliche Interventionsmethode dargestellt. Was man beachten muss, damit diese auch gute Erfolgschancen hat, verdeutlicht Kapitel 4.

1.2 Innovationsmanagement und die gesonderte Rolle des Personalmanagements

Betrachtet man ein Innovationsmanagement prozessorientiert, so ergeben sich die Wertschöpfungsschritte „Ideen, Priorisierung und Implementierung"[125] bzw. „Ideation, Project Selection, Product Development und Commercialisation"[126]. Wie dieser Prozess im Unternehmen ausgestaltet ist, wird von den Faktoren Innovationsstrategie, sowie Menschen und Organisation determiniert.[127] Letzterer lässt sich noch in die Bereiche Organisationsstrukturen, Unternehmenskultur, Führungsstrukturen, menschliche Subjekte und Personalmanagement untergliedern.[128] Der Haupttreiber für innovatives Verhalten lässt sich im letztgenannten Faktor erkennen. „In vielerlei Hinsicht stellt das fünfte Element den Grundstein für Innovation dar, denn ohne motivierte, qualifizierte Mitarbeiter und eine entsprechende Organisation mit einer kreativen Atmosphäre kann kein Unternehmen innovativ sein. Effektive Wege zu finden, um Menschen, Kultur, Teams und die Organisation zu managen, ist einer der anspruchsvollsten Aspekte des Innovationsmanagements."[129] „Erstens hängt die Innovationsstrategie entscheidend vom Führungsstil ab [...]. Zweitens hängen Kreativität und Ideengenerierung von der richtigen Atmosphäre und Belohnung ab. [...] Drittens haben mitarbeiterbezogene Themen eine Auswirkung auf die

---

[124] Goffin et.al. (2009), S. 479
[125] Goffin et.al. (2009), S. 63
[126] Weidmann et.al. (2008), S. 86
[127] Vgl. Goffin et.al. (2009),S. 63
[128] Vgl. Weidmann et.al. (2008), S. 62
[129] Goffin et.al. (2009), S. 433

Periodisierung der Projekte. [...] Und schließlich hängt eine erfolgreiche Implementierung von funktionsübergreifenden Beziehungen, charismatischen Innovationschampions und organisationalen Lernprozessen und -erfahrungen ab, die von Projekt zu Projekt weitergegeben werden."[130]

Die Unternehmenskultur spielt hier die tragende Rolle. Eine groß angelegte Langzeitstudie zeigt, dass „[...] eine Innovationsstrategie sich nicht in ‚Plänen' ausdrückt, sondern in den Mustern des Engagements, der Entscheidungen, Ansätze und dauerhaften Verhaltensweisen, die das Betreten von neuem Terrain begünstigen."[131] Eine weitere Untersuchung identifizierte hierzu die Best Practices. Dazu gehören „[...] Mitarbeiter, die den Status quo infrage stellten, Belohnung und Anerkennung für Risikobereitschaft und eine positive Haltung des Managements bei Problemen. Darüber hinaus wurde Fehlertoleranz als grundlegender Aspekt angesehen. Die Normen, die eine effiziente Implementierung begünstigen, sind Teams mit der Autorität, schnelle Entscheidungen zu treffen, sowie ein offener Informationsaustausch zwischen den Abteilungen."[132]

Auf eine solche Kultur zeigt sich auch ein bestimmter Persönlichkeitstyp affin, der so genannte Entrepreneur. Jener bildet „[...] das Herzstück der fruchtbaren Dynamik [...]"[133]. Diese Menschen sind so etwas wie der innere Motor und das Navigationssystem von Innovationen, die zu qualitativ neuen Ideen, Verfahren, Produkten, Dienstleistungen oder Unternehmensformen führen.[134] Bestimmte Eigenschaften zeichnen diesen aus. „Die erste Eigenschaft erfolgreicher Entrepreneure besteht darin, dass sie zahlreiche Geschäftsideen generieren – eine Eigenschaft, die für jedes Unternehmen nützlich ist. Entrepreneure sind darüber hinaus auch in der Lage, die Ideen auszusortieren, die nicht sehr vielversprechend sind, und sie verfügen über den inneren Antrieb, ihre Ideen voranzutreiben. [...] Zweitens sind Entrepreneure gut darin, externe Veränderungen auszumachen, die die Nachfrage nach neuen Produkten und Dienstleistungen anheizen. [...] Drittens wissen Entrepreneure intuitiv, dass sie zu ihrem Überleben die Messlatte für ihre Wettbewerber höher legen

---

[130] ebenda, S. 434
[131] ebenda, S. 447
[132] ebenda, S. 447ff
[133] Weidmann et.al. (2008), S. 64
[134] Vgl. ebenda, S. 64

müssen."[135] Die Grundlage dafür bilden flexible Wissenstrukturen, wodurch sie weniger eingefahrene Problemlösungsstrategien verfolgen, eine ausgeprägte Metareflexion, was es ihnen erleichtert in einen hermeneutischen Lernzirkel bezüglich Anwendung und Reflexion einzutreten, ein missionarischer Antrieb, der sie Rückschläge besser als andere ertragen lässt und ein ausgeprägter Individualismus, wodurch sie sich weniger an den Kontext gebunden fühlen.[136]

Eine starke Innovationsperformance ist Ausdruck eines gelungenen Zusammenspiels dieser beiden Triebkräfte, Entrepreneure und Unternehmenskultur. Denn der Entrepreneur ist „[...] nur unter gewissen Bedingungen kraftvoll und reagiert sensibel auf Störungen"[137]. Diese scheinen in etablierten Unternehmen verstärkt aufzutreten. Denn „mehr als 70 Prozent der erfolgreichen Entrepreneure 'kopieren oder modifizieren eine Idee, auf die sie während einer früheren Anstellung gestoßen sind'. Interessant ist auch, dass die meisten unternehmerischen Initiativen von Mitarbeitern gestartet werden, die mit der Arbeitsatmosphäre in etablierten Unternehmen unzufrieden sind."[138] Es ist Aufgabe eines Innovationsmanagements und somit einer proaktiven Personalabteilung, diese beiden Kräfte zusammen zu bringen.[139] Dazu müssen sich die Aktionsmuster der Unternehmensakteure hin zu einem „produktiven Umgang mit Unterschieden, Permissivität, Kontinuität, Offenheit und Risikobereitschaft"[140] entwickeln damit mögliche Innovationsbarrieren abgebaut werden können. Auf diese wird im nächsten Kapitel eingegangen.

---

[135] Goffin et.al. (2009), S. 454ff
[136] Vgl. Weidmann et.al. (2008), S. 18
[137] ebenda, S. 66
[138] Goffin et.al. (2009), S. 456
[139] Vgl. ebenda, S. 434
[140] Weidmann et.al. (2008), S. 91

2. Mögliche Innovationsbarrieren in Unternehmen auf personeller und kultureller Ebene

2.1 Möglicher Zusammenhang zwischen organisationalen Mobbingtendenzen und dem Ausscheiden von Entrepreneuren aus etablierten Unternehmen

Ein auch von der Neurobiologie validiertes Modell zur Erfassung der Persönlichkeit stellt das big five Faktoren Modell bzw. fünf-Faktoren-Inventar dar.[141] Anhand der fünf Grundfaktoren emotionale Labilität/Neurotizismus, Extraversion, Kreativität/Offenheit für Erfahrungen, Anpassung/Verträglichkeit und Festigung/Gewissenhaftigkeit wird die Persönlichkeit eines Menschen definiert.[142] Erfasst man die Eigenschaften der Entrepreneure, so erkennt man, dass der Faktor Kreativität/ Offenheit bei diesen stark ausgebildet ist.[143] Der Faktor bezieht sich direkt auf die Intelligenz, Kreativität und Neugierde eines Menschen.[144]

Wie in Punkt 1.2 erwähnt, verlässt der Großteil von den Entrepreneuren die etablierten Unternehmen. Eine Studie durchgeführt von Prof. Dr. Thomas Rammsayer und Dipl.-Psych. Kathrin Schmiga gibt einen Hinweis darauf, worin der Ursprung dieses Phänomens liegen kann. Demnach laufen Personen mit hohen Werten im Grundfaktor Offenheit, wie es bei den Entrepreneuren der Fall ist, verstärkt Gefahr Opfer von Mobbingattacken zu werden. So „[…] wurden Persönlichkeitsunterschiede zwischen Mobbing-Betroffenen (n = 147) und Nicht-Betroffenen (n = 162) mittels des NEO-Fünf-Faktoren-Inventars untersucht. Zwischen Mobbing-Betroffenheit und den Persönlichkeitsmerkmalen Extraversion, Verträglichkeit und Gewissenhaftigkeit scheinen keine Zusammenhänge zu existieren. Mobbing-Betroffene wiesen jedoch signifikant höhere Werte in den Persönlichkeitsdimensionen Neurotizismus und Offenheit für Erfahrung auf."[145] Diese beiden Faktoren müssen jedoch voneinander unabhängig betrachtet werden, sprich ein höherer Neurotizismuswert muss nicht mit einem höheren Wert beim Faktor Offenheit für Erfahrung korrelieren.[146]

---

[141] Vgl. Roth (2007), S. 17ff, sowie Elger (2009), S. 144
[142] Vgl. Elger (2009), S. 144
[143] Vgl. Weidmann et.al. (2008), S. 66, sowie Roth (2007), S. 17ff
[144] Vgl. Roth (2007), S. 27
[145] Rammsayer et.al. (2003), S. 3
[146] Vgl. ebenda, S. 9

„Personen mit hohen Werten im Persönlichkeitsmerkmal Offenheit für Erfahrung neigen dazu, bestehende Normen und Arbeitsregeln zu hinterfragen oder neue Vorstellungen zu entwickeln und einzufordern, gleichzeitig werden sie mit ihrem Arbeitsplatz zunehmend unzufrieden, wenn Routinetätigkeiten und monotone Arbeitsabläufe überwiegen [...]. Dies kann konfliktbegünstigend wirken und somit indirekt die Auftretenswahrscheinlichkeit für Mobbing am Arbeitsplatz erhöhen. Für eine solche Vermutung sprechen auch Belege aus der Kleingruppenforschung. Personen, die in ihrer Arbeitsgruppe abweichende Meinungen vertreten, werden von den anderen Gruppenmitgliedern durch sozialen Druck zum Einlenken bewegt. Während die Sympathie der Gruppe für diese 'Abweichler' sinkt, steigt gleichzeitig die Wahrscheinlichkeit des Ausschlusses aus der Ingroup [...]. Ein solcher Prozess kann als Vorstufe für manifestes Mobbing-Verhalten betrachtet werden."[147]

Mobbing lässt sich folgendermaßen definieren. „Unter Mobbing versteht man eine konfliktbelastete Kommunikation am Arbeitsplatz unter Kollegen oder zwischen Vorgesetzten und Untergegebenen, bei der das Opfer unterlegen ist und von einer oder mehreren anderen Personen systematisch und während längerer Zeit direkt oder indirekt angegriffen wird mit dem Ziel oder dem Effekt der Ausgrenzung, wobei die angegriffene Person dies als Diskriminierung erlebt."[148] Dies äußert sich in Verhaltensweisen welche die Minderung der sozialen Akzeptanz, den Abbau von sozialen Beziehungen, die Minderung der Arbeits- und Lebensqualität, die Beschneidung der Kommunikationsmöglichkeiten und bzw. oder die Beeinträchtigung der Gesundheit des Opfers zum Ziel haben.[149] Es gilt dabei drei verschiedene Mobbingarten zu unterscheiden, das so genannte Spaßmobbing, das Überzeugungsmobbing und das Zweckmobbing.[150] In Bezug auf das Mobbing von innovativen Subjekten sind vor allem das Überzeugungsmobbing und das Zweckmobbing von Bedeutung. Das Spaßmobbing hingegen tritt auf, wenn aus lauter Unzufriedenheit schwächere Kollegen schikaniert werden.[151] Monotonie, Unterforderung und Desinteresse sind hier die ausschlaggebenden Faktoren.[152] Wahrscheinlich begünstigt ein höherer Neurotizismuswert diese Art von

---

[147] Rammsayer et.al. (2003), S. 9
[148] Elger (2009), S. 87
[149] Vgl. ebenda, S. 92
[150] Vgl. ebenda, S. 88
[151] Vgl. ebenda, S. 88
[152] Vgl. ebenda, S. 88

Mobbing, denn dieser geht einher mit Eigenschaften wie Ängstlichkeit, Nervosität, Furchtsamkeit und Instabilität,[153] welche jemanden „schwächer" erscheinen lassen können.

„Wer auch nur in kleinsten Details anders ist als die anderen, kann leicht zum Opfer des Überzeugungsmobbings werden."[154] Dahinter steckt der Mechanismus des altruistischen Bestrafens. „Eigentlich hat altruistisches Bestrafen eine positive soziale Funktion. Es wird derjenige bestraft, der sich nicht an die sozialen Regeln hält, wofür der Strafende, wenn schon keine direkten Vorteile, wenigstens ein positives Gefühl von seinem Belohnungssystem erhält. Das Problem besteht nun darin, welchen sozialen Regeln in einer Gemeinschaft Geltung verschafft werden sollen. Längst nicht alle Regeln sind per se richtig und gut. Lautet eine der Regeln zum Beispiel 'Keine Toleranz gegenüber Andersdenkenden', dann kann sich jeder sehr leicht ausrechnen, wer innerhalb eines Teams oder einer Abteilung die Mobbing-Opfer sein werden."[155] Verstärkt kann eine solche implizite Regel durch Unternehmenskulturen mit Kultcharakter werden, da diese immer mit einem Druck zur Uniformität oder zum Elitismus einhergehen.[156] Dadurch wird die Toleranzschwelle gesenkt und abweichende Meinungen werden von den Gruppenmitgliedern schneller und stärker sanktioniert. So wird aber auch die Gelegenheit versäumt, Ideen Dritter aufzugreifen, sie zu verwenden und zu verändern.[157] Um hier jedoch eine Verhaltensänderung herbeizuführen, bedarf es sehr spezifischer Methoden, da Einsicht oder ein Appell an die Vernunft hier nichts bewirken können. Das damit einhergehende Fühlen, Denken und Verhalten ist an unser Belohnungssystem, das limbische System, geknüpft. „Das altruistische Bestrafen ist biologisch eigentlich eine reine Selbstbefriedigung. Das heißt, man kann sich nicht anders, auch nicht durch eine andersgeartete Belohnung, ein besseres Gefühl verschaffen, als durch die Bestrafung eines anderen Menschen."[158]

Das Zweckmobbing hingegen hat seinen Ursprung in „Ressourcenverteilungskämpfen" unter Mitarbeitern bzw. Mitarbeitern und Vorgesetzten. Das fängt bereits bei Kleinigkeiten wie dem Arbeitsplatz am

---

[153] Vgl. Roth (2007), S. 17
[154] Elger (2009), S. 90
[155] Elger (2009), S. 89ff
[156] Vgl. Goffin et.al. (2009), S. 246
[157] Vgl. ebenda, S. 246
[158] Elger (2009), S. 105

Fenster oder dem größeren Dienstwagen des Kollegen an und zieht sich zu den erfolgreichen Mitarbeitern, welche z.B. den Chef in den Schatten zu stellen drohen, hin.[159] Das Motiv, das dahinter steckt, ist meist die Statusrivalität. „This general bickering, the corporate equivalent of sibling rivalry happens largely unconsciously, and it wastes the cognitive resources of billions of people the world over. [...] If everyone is fighting for high status, they are likely to feel competitive, to see the other people as a threat."[160] Diese Angst können Menschen mit höheren Werten im Grundfaktor Kreativität/Offenheit für Erfahrungen höchstwahrscheinlich leichter bei anderen anstoßen, denn mit diesem Grundfaktor korreliert unter anderem auch die Intelligenz. „Ein intelligenter Mensch ist jemand, der schnell sieht, was Sache ist, und dem ebenso schnell einfällt, was jetzt zu tun ist – und dabei meist Erfolg hat."[161] Sprich es kann sein, dass diese Persönlichkeiten leichter Erfolg haben als andere, da sie gekoppelt mit höherer Kreativität auch mal unkonventionelle Wege gehen, um Probleme zu lösen. Dadurch können sich unter den anderen Kollegen bzw. Vorgesetzten schnell Ressentiments, Neid und verschiedene Vorurteile breit machen.[162] Zur latenten Feindseligkeit ist es dann nicht mehr weit und damit einhergehend kommt es zu einer Veränderung des Fühlen, Denkens und Verhaltens. „When you sense someone is a foe, all sorts of brain functions change. You don't interact with a perceived foe using the same brain regions you would use to process your own experience. One study showed that when you perceive someone as a competitor, you don't feel empathy with him or her. Less empathy equals less oxytocin, which means a less pleasant sensation of collaboration overall. [...] When you think someone is a foe, you don't just miss out on feeling his emotions; you also inhibit yourself from considering his ideas, even if they are right. [...] Deciding someone is a foe means you make accidental connections, misread intent, get easily upset, and discard their good ideas."[163]

Diesen Prozess zu unterbinden ist jedoch äußerst schwierig, da er größtenteils unterbewusst vor sich geht und die Erhöhung des eigenen Status ein enorme Belohnung darstellt. „An increase in status is one of the world's greatest feelings. Dopamine and serotonin levels go up, linked to feeling happier, and

---

[159] Vgl. ebenda, S. 90ff
[160] Rock (2009), S. 193ff
[161] Roth (2007), S. 28
[162] Vgl. Weidmann et.al. (2008), S. 69ff
[163] Rock (2009), S. 165ff

cortisol levels go down, a marker of lower stress. Testosterone levels go up, too. Testosterone helps people focus, makes them feel strong and confident, and even improves sex drive."[164] Eine Erniedrigung des Status hingegen fühlt sich lebensbedrohlich an, da daran die gleichen Gehirnareale wie bei überlebenswichtigen Motiven wie z.B. bei Hunger beteiligt sind.[165] Dieses lebensbedrohliche bzw. Hochgefühl hat seinen Ursprung, genauso wie das belohnende Gefühl bei der Bestrafung eines „Regelverletzers", im limbischen System und wird einerseits situationsbedingt ausgelöst, sowie andererseits durch die soziopathischen Züge der jeweils beteiligten Personen.[166] In Punkt 3.1.1 wird noch genauer auf den Zusammenhang zwischen dem limbischen System, dem Mobbing und der Persönlichkeit eines Menschen eingegangen.

2.2 Mangelnde Berücksichtigung von Inkubationsphasen

Den ersten und grundlegenden Wertschöpfungsschritt eines Innovationsmanagements stellt die Ideengenerierung dar. Ohne eine qualitativ hochwertige und unkonventionelle Idee werden auch die nachgelagerten Wertschöpfungsschritte keinen einzigartigen Innovationsoutput erzeugen können. Sie bildet den Kern. So definieren Dr. Weidmann und Dr. Armutat Innovation als die Entstehung einer neuen Idee für die Lösung eines spezifischen Problems, die über eine inkrementelle, das heißt schrittweise Entwicklung der bestehenden Problemlösung hinausgeht.[167] Diese Definition verdeutlicht, dass man bei Innovationen anders an Problemstellungen herangeht. Es ist kein rein analytischer Weg à la Ursache-Wirkung mit dem man zu einer innovativen Lösung gelangt, sondern die Lösung entsteigt einem kreativen Durchbruch. Vor allem die sich stetig sehr dynamisch verändernden Marktbedingungen, wie in 1.1 erläutert, sorgen für eine hohe Komplexität, welche sich mit einer logisch-analytischen Herangehensweise nur noch schwer durchdringen lässt. Das führt dazu, dass man sich in der heutigen Zeit immer mehr in Situationen wiederfindet, wo es keine klaren Lösungswege, keine verlässliche Prozeduren und keine offensichtlichen Antworten gibt, sowie Lösungen von ähnlichen Situationen nicht übertragbar sind.[168] „What`s needed

---

[164] ebenda, S. 192ff
[165] Vgl. ebenda, S. 195ff
[166] Vgl. Elger (2009), S. 91ff
[167] Vgl. Weidmann et.al. (2008), S. 11
[168] Vgl. Rock (2009), S. 75

here is not a logical solution, but one that recombines knowledge […] in a whole new way."[169]

Weshalb man jedoch meist den logisch-analytischen Weg geht, hängt mit der Tatsache zusammen, dass es für unser Gehirn eine enorme Leistung darstellt etwas in einem neuen Licht erscheinen zu lassen.[170] „This partly explains why people spend more time thinking about problems (things they have seen) than solutions (things they have never seen)."[171] So wird das Problem meist genauestens analysiert, was dazu führt, dass man sich in dieses regelrecht „verrennt". Problemfokus und Lösungsfokus haben jedoch nur begrenzt etwas miteinander zu tun. Sprich man kann über ein bestehendes Problem bestens Bescheid wissen, das muss jedoch noch nicht zu einer Lösung führen. Unser Denken ist schnell überfordert, wenn eine Situation auch nur mäßig komplex wird.[172] „Dies hängt mit der äußerst beschränkten Verarbeitungskapazität unseres Arbeitsgedächtnisses und der damit eng verbundenen Konzentrationsfähigkeit zusammen. Man kann bekanntlich nur ungefähr fünf einfache Dinge im Kopf und nicht mehr als zwei Vorgänge gleichzeitig intensiv verfolgen (auch das ist schon schwer) – bei dreien nimmt die allgemeine Aufmerksamkeit drastisch ab, und man muss mit seiner Aufmerksamkeit dann hin und her springen. Dasselbe gilt für mehr als zwei Faktoren, mit denen man gleichzeitig gedanklich hantieren soll."[173]

Durch die Komplexität des heutigen Marktgeschehens kann man sich so über eine rein logisch-analytische Herangehensweise schnell in einer „gedankliche Sackgasse", einer „Impasse", wiederfinden. „An impasse is a roadblock to a desired mental path. It`s a connection you want to make but can`t. An impasse can be anything from trying to remember an old friend`s name, to working out what you will name your child, to suffering full-blown writer`s block. While impasses are something we all experience regularly, they are especially relevant when you need to be creative. Being creative involves getting around impasses."[174] Diese Fähigkeit ist nicht nur im Schritt der Ideation nötig, sondern auch in den nachgelagerten Wertschöpfungsschritten Project Selection, Product Development und Commercialisation, da auch diese bei Innovationen eine

---

[169] ebenda, S. 75
[170] Vgl. ebenda, S. 13
[171] ebenda, S. 13
[172] Vgl. Roth (2007), S. 134
[173] ebenda, S. 134
[174] Rock (2009), S. 74

enorme Komplexität erreichen können.[175] Wie bereits erwähnt braucht es hier aber keine logisch-analytische Lösung, sondern eine kreative, welche Wissen in neuartiger Weise kombiniert. „And that's called an insight."[176]

Ein Insight, welcher auch als fruchtbarer Moment bezeichnet wird, ist das Ergebnis eines innerpsychischen Prozesses, welcher in der Regel folgendermaßen aufgebaut ist. „Am Anfang steht die kreative Unruhe, eine gedankliche Krise, die verunsichert: Eine Herausforderung muss bewältigt werden, für die man kein festes Handlungsprogramm, kein spontan aktivierbares Erfahrungswissen besitzt. Diese Situation entspricht einer kognitiven und emotionalen Irritation: Die gesamte Wissensbasis wird infrage gestellt [...]. Häufig ist eine derartige Phase der Labilisierung der erste Schritt und Ausgangspunkt eines innovativen Aktes.

Die handelnde Person beginnt nun eine nicht zielgerichtete Suche nach einer Problemlösung, um ihre Affekt- und Wissensbasis neu zu stabilisieren. In dieser sogenannten Appetenzphase setzt sie sich mit dem Problem auseinander, prüft und sucht Handlungsoptionen und experimentiert mit verschiedenen Kombinationen unterschiedlicher Wissensbestandteile. [...] Begleitet wird die Appetenzphase durch intensive Emotionen: Das Problem nagt an einem, nachts schreckt man auf und merkt, dass die Problemstellung die ganze Zeit präsent ist.

So gelangt man in die kreative Inkubationsphase, die durch die unbewusste Auseinandersetzung mit dem Thema geprägt ist. Während die Appetenzphase durch einen hohen Aktivitätsgrad gekennzeichnet ist, hat die Inkubationsphase einen passiven Charakter. Hier geht es um das 'Reif-Werden' des innovativen Gedankens durch die unbewusste Verarbeitung der Erfahrungen, die in der Appetenzphase gewonnen wurden. Zentrale Erfolgsfaktoren dieser Phase sind einerseits das vertrauensvolle, geduldige Warten, andererseits aber auch das aktive Abwenden von der bewussten Beschäftigung mit dem Problem.

Plötzlich und unerwartet kommt es dann zu einem fruchtbaren Moment. Das Problem als Ganzes kommt in den Blick, die relevante Problemlösung steigt verheißungsvoll auf, und die handelnde Person erlebt diesen Moment als Erlösung. Dieser fruchtbare Moment kann nicht erzwungen werden, wohl aber kann sich die Person in eine Umgebung bzw. in eine Verfassung bringen, in der er sich ereignen kann. Diese Situation ist gekennzeichnet durch Isolation, Ruhe,

---

[175] Vgl. Goffin et.al. (2009), S. 42ff
[176] Rock (2009), S. 75

energetische Hochspannung sowie eine ausgeprägte Unabhängigkeit von den Anforderungen und Zwängen des Alltags.

Danach folgt eine Periode der intensiven Auseinandersetzung mit dem 'Produkt' dieses fruchtbaren Moments. Die soeben gewonnene Erkenntnis, die den qualitativen Sprung in dem innovativen Prozess ausmacht, wird geprüft, verfeinert und zum Teil sehr umfangreich bearbeitet. In dieser Phase kann es zu inkrementellen Verbesserungen kommen. Allerdings ist nicht ausgeschlossen, dass sich hier weitere qualitative Verbesserungen bzw. kreative Sprünge ergeben."[177]

Es wird deutlich, dass die zentrale Schnittstelle in diesem kreativen Prozess die Inkubationsphase darstellt. Hierbei ist es wichtig, dass man sich von der bewussten Auseinandersetzung mit dem Problem löst und man es dem Vorbewusstsein überlässt eine Lösung zu generieren. „Das Vorbewusste ist [...] wie das Bewusstsein in der Großhirnrinde angesiedelt. Es umfasst all die Informationen, die in einem Moment nicht bewusst sind, im Prinzip aber bewusst werden können."[178] „Es ist der Ort des intuitiven Problemlösens, und seine Fähigkeit zur Verarbeitung komplexer Informationen ist ungleich größer als die des bewussten Arbeitsgedächtnisses. Es ist nur nicht dem aktuellen Bewusstsein zugänglich. Die Berichte über große Entdeckungen und Erfindungen sind voll von solchen 'Einfällen': Menschen grübeln und grübeln, geben dann vorübergehend oder endgültig die Suche auf – und plötzlich fällt ihnen die Lösung ein. Natürlich ist dies nicht zwingend (das Aufgeben führt nicht notwendig zur intuitiven Lösung), aber gerade die Großartigkeit mancher Lösungen ist eng verbunden mit dem Grad an Intuition."[179]

Die Akzentsetzungen im Unternehmen sollten das berücksichtigen, damit sich mehr fruchtbare Momente entfalten können. „Nur wer erkennt, dass dieser Moment in einem kreativen Denk- und Erlebensprozess plötzlich passiert, dass er quasi ein Durchbrucherlebnis ist, das nur bedingt durch Interventionen von außen beeinflusst werden kann, ist in der Lage, effektiv mit Innovation umzugehen. Allerdings lässt sich die Chance, dass es zu solch einem fruchtbaren Moment kommt, durch die Gestaltung bestimmter Rahmenbedingungen im Unternehmen wesentlich erhöhen."[180]. So gilt es Methoden zu integrieren,

---

[177] Weidmann et.al. (2008), S. 13ff
[178] Roth (2007), S. 87
[179] ebenda, S. 134ff
[180] Weidmann et.al. (2008), S. 11

welche die Wahrscheinlichkeit, dass es zu einem fruchtbaren Moment kommt, erhöhen können. Inwieweit die Achtsamkeitsmeditation hier eine effektiv unterstützende Maßnahme sein kann, wird in 3.3 dargestellt.

2.3 Eine größtenteils durch die Aspekte Druck, Angst und Wettbewerb dominierte Unternehmenskultur

Als größte Innovationsbarriere können die unterbewussten Emotionsmuster der Unternehmensakteure wirken. Hat sich verstärkt das Erzeugen von Angst anstatt dessen Eindämmen kultiviert, so wird es für solche Kulturen schlichtweg unmöglich sein innovativ zu sein. Ist es in einem Unternehmen gang und gäbe, dass seine Mitglieder durch Druck, Angst und Wettbewerb zu Leistung motiviert werden sollen, so kann sich das in einem schnelleren Ausführen von Routinehandlungen als gewinnbringend niederschlagen. Für ein Innovationsmanagement ist dies jedoch nicht von Bedeutung. Generell sind unter diesen Bedingungen nur ganz einfache und bereits früh eingespurte Denk- und Verhaltensweisen möglich.[181] Man reagiert mit Flucht, Abwehr/Verteidigung, Angriff, Erstarren (Totstellen) oder Unterwerfung (Resignation).[182] Wie bereits angedeutet können wir in diesem Zustand nur Routinehandlungen ausführen, da wir hier im Autopilot handeln.[183] „Immer wenn wir mit etwas Neuem bzw. Ungewohntem konfrontiert werden, bei dem es um die komplexe Verarbeitung von Details geht, brauchen wir Bewusstsein."[184] Dies ist jedoch in dieser Verfassung nicht der Fall, da unser limbisches System hier fast die „Alleinherrschaft" über die Gedanken- und Verhaltenssteuerung übernimmt, ohne stärkere Beteiligung der limbischen Teile der Großhirnrinde, welche den Sitz des Bewusstseins darstellen. Zudem verliert man durch stetige Angst seine Offenheit, seine Neugier und sein Vertrauen und damit die Fähigkeit, sich auf Neues einzulassen.[185]

Außerdem ist es uns in diesem Zustand nicht möglich, bereits Erlerntes zum kreativen Problemlösen zu verwenden,[186] ein essentieller Bestandteil im Wertschöpfungsprozess eines Innovationsmanagements. Auch Mobbingtendenzen, welche in 2.1 ausgeleuchtet wurden, werden unter Angst

---

[181] Vgl. Caspary et.al. (2006 /// 2009), S. 81
[182] Vgl. Roth (2007), S. 184
[183] Vgl. Caspary et.al. (2006 /// 2009), S. 29
[184] Roth (2007), S. 77
[185] Vgl. Caspary et.al. (2006 /// 2009), S. 81
[186] Vgl. ebenda, S. 29

noch verstärkt. „Wenn wir das Gefühl haben, dass unser Leben bedroht ist [...] dann intensivieren wir unseren angeborenen 'Klassifizierer', der eine Rangordnung derer vornimmt, die wir als Mitglieder der In-Gruppe betrachten und die daher geschätzt werden, und derjenigen, die wir als Teil der Out-Gruppe ansehen und die des Verdachts und des Angriffs wert sind. In den intensiv aktivierten neuronalen Strukturen der Bedrohung beeinflussen unsere limbischen Regionen die kortikalen Urteile, und wir beginnen zu glauben, dass wir zweifellos bei unseren Bewertungen Recht haben. Und 'sie' haben Unrecht."[187] Das rührt von der Tendenz, dass das Gehirn, welches als „Regelabstraktionsmaschine" gilt, unter Angst nur noch dazu fähig ist sehr grobe Regeln aufzustellen, es verallgemeinert.[188] Des Weiteren ist es im Angstzustand nur schwer möglich, dass es zu einem Insight bzw. fruchtbaren Moment kommt. „Increasing happiness increases the likelihood of insight, while increasing anxiety decreases the likelihood of insight. This relates to your ability to perceive subtle signals. When you are anxious, there is greater baseline activation and more overall electrical activity, which makes it harder for you to perceive subtle signals."[189]

Ängste lassen sich im unternehmerischen Kontext in vielen Facetten erkennen und haben einen engen Bezug zu unseren Motiven. Die Angst vorm Versagen, welches mit dem Leistungsmotiv einhergeht, die Angst vor einem Machtverlust oder die Angst nicht angenommen zu werden.[190] Im Unternehmen wie auch im alltäglichen Leben haben sie meist direkten Bezug zu unserer sozialen Umwelt, nur dass das den meisten Menschen überwiegend nicht bewusst ist.[191] Eine enorme Bedeutung wird hier der Statusangst zuteil. Wie in Punkt 1.2 angesprochen zählen Belohnung und Anerkennung für Risikobereitschaft, eine positive Haltung des Managements bei Problemen, sowie Fehlertoleranz zu den Best Practices für eine Innovationskultur. Fürchtet man jedoch stetig um seinen Status, so kommt es aller Voraussicht nach zu Verhaltensweisen, welche als nicht innovationsfördernd angesehen werden dürfen. „The threat response from a perceived drop in status can take on a life of its own, lasting for years. People work hard to avoid being 'wrong' in a situation, from a simple mistake made on a document, to an error in judgment about a major strategy. [...] People don't

---

[187] Siegel (2007), S. 400
[188] Rock (2009), S. 110
[189] ebenda, S. 80ff
[190] Vgl. Roth (2007), S. 249ff
[191] Vgl. Rock (2009), S. 157ff

like to be wrong because being wrong drops your status, in a way that feels dangerous and unnerving."[192] „This aversion includes staying away from any activity they are not confident in, which, because of the brain's relationship to novelty, can mean avoiding anything new."[193] „Because of the intensity of the status-drop experience, many people go to great lengths to avoid situations that could put their status at risk"[194]

Wie in Punkt 2.1 verdeutlicht, sind Statusängste meist dort vorzufinden, wo eine ausgeprägte Wettbewerbskultur vorherrscht. Hinsichtlich einer Innovationskultur kann das sehr schädliche Effekte haben. Man „[...] steuert sein Unternehmen auf direktem Wege ins Mobbing und verliert an Leistungsfähigkeit, weil immer mehr Zeit ins Stühlesägen investiert wird statt in die Bewältigung der tatsächlich anstehenden Aufgaben"[195]. Konkurrenzkämpfe, wo es darum geht den „Feind" beim zielgerichteten Verhalten zu blockieren und zu schwächen, können unterbewusst den betrieblichen Alltag bestimmen. Das bildet die Grundlage für Frust bei den Betroffenen, welcher in Ärger mündet und dieser wiederum in Wut.[196] So kommt es zu einem destruktiven Kreislauf an welchem das Spiegelneuronensystem beteiligt ist. Dieses ermöglicht es, die Handlungsabsichten von anderen intuitiv zu verstehen und nachzuahmen.[197] „Studies show that the strongest emotion in a team can ripple out and drive everyone to resonate with the same emotion, without anyone consciously knowing this is happening. The strong emotion gets attention, and what people pay attention to will activate their mirror neurons."[198] Die Wut der Betroffenen kann unterbewusst von anderen Teammitgliedern registriert werden, was dann bei diesen ähnliche Gefühle hervorruft ohne dass sie sich dessen bewusst sein müssen.

Durch Emotionen wie die der Angst ordnen wir das „Weltgeschehen" um uns.[199] „Emotionen sind mächtige Motivatoren künftigen Handelns. Sie bestimmen ebenso den Kurs des Handelns von einem Moment zum nächsten, wie sie die

---

[192] ebenda, S. 190ff
[193] ebenda, S. 190
[194] ebenda, S. 190
[195] Elger (2009), S. 159ff
[196] Elger (2009), S. 111
[197] Vgl. Rock (2009), S. 159
[198] ebenda, S. 161
[199] Vgl. ebenda, S. 103

Segel für langfristige Ziele setzen."[200] Besteht die Grundlage einer Unternehmenskultur vor allem aus Emotionen wie Furcht und Angst, so kann sich leicht eine Gegenkultur zur Innovationskultur herausbilden. Diese ist unter anderem gekennzeichnet durch Unsicherheit, ausgeprägte hierarchische Kontrollen und einem Mangel an Anerkennung.[201] Sie weisen bürokratische Mentalitäten sowie Strukturen auf und neigen bei Problemen die „Zügel noch straffer anzuziehen".[202] Dies steht im Kontrast zu den benötigten Kulturaspekten wie produktiver Umgang mit Unterschieden, Permissivität, Kontinuität, Offenheit und Risikobereitschaft. Hier spielen wahrscheinlich Emotionen wie Freude und Neugierde eine dominantere Rolle. Der „Haken" an Emotionen ist, dass man sie nur sehr schwer mithilfe des Bewusstseins kontrollieren kann[203] und die persönliche emotionale Prägung früh ansetzt und sich zum Alter hin nur noch schwer verändern lässt.[204] Inwieweit die Achtsamkeitsmeditation hier imstande ist, noch Veränderung zu ermöglichen, wird in 3.1.2 verdeutlicht.

3. Intervention im Bereich Personalentwicklung

3.1 Achtsamkeitsmeditation zur Förderung der emotionalen Intelligenz

3.1.1 Persönlichkeit, Verhalten und die Bedeutung emotionaler Intelligenz bezüglich des organisationalen Mobbingverhaltens und der Aspekte Druck, Angst sowie Wettbewerb in einer Unternehmenskultur

Ob es sich nun um das beobachtbare Mobbingverhalten gegenüber Entrepreneuren handelt oder „angstgetriebene" Unternehmenskulturen, welche bürokratische Mentalitäten und Strukturen aufweisen, immer liegt der Verhaltensursprung im Emotionalen. Eine wichtige Erkenntnis der neurobiologischen Forschung ist, dass unsere Wahrnehmung der Außenwelt durch unsere Emotionalität bestimmt wird.[205] Das rührt daher, dass unser unterbewusstes System unser Bewusstsein determiniert.[206] Repräsentiert wird dieses unterbewusste System durch die subcorticalen Gehirnpartien. Besondere

---

[200] Elger (2009), S. 120
[201] Vgl. Goffin et.al. (2009), S. 458
[202] Vgl. ebenda, S. 459
[203] Vgl. Roth (2007), S. 95
[204] Vgl. ebenda, S. 225
[205] Vgl. Arnold (2008), S. 1ff
[206] Vgl. Roth (2007), S. 84ff

Bedeutung wird hier dem limbischen System zuteil. „Es steht als Zentralinstanz im Schnittpunkt verschiedener Be- und Verarbeitungsprozesse. Es verstärkt, moduliert, modifiziert oder hemmt unbewusst Gedankenprozesse und Verhaltensweisen, die wir üblicherweise durch rationale Argumente begründen. Tatsächlich sind diese aber nur eine nachträgliche 'Erfindung', weil uns das Wirken des Belohnungssystems eben nicht bewusst ist und wir sowohl für uns als auch für unsere Mitmenschen eine 'vernünftige' Erklärung brauchen."[207] Dieses System könnte man als den „Motor" unserer Handlungen beschreiben. Daran ausschlaggebend beteiligt sind die Gehirnregionen Hypothalamus, zentrales Höhlengrau, Amygdala und mesolimbisches System.[208] Sie „[…] sind die Hauptproduzenten von Affekten und negativen und positiven Gefühlen, von psychischen Antrieben, d.h. Motiven. Diese entstehen unterbewusst, und wir erleben sie bewusst dadurch, dass diese Zentren Nervenzellfortsätze in die Großhirnrinde schicken und hierüber hinreichend erregen."[209]

Grundlegend kann man zwischen körperlichen Bedürfnissen, Affekten und Emotionen unterscheiden. Müdigkeit, Durst, Hunger, Geschlechtstrieb und der Drang nach dem Zusammensein mit anderen Menschen stellen die körperlichen Bedürfnisse dar. Bei den Affekten kann man zwischen Wut, Zorn, Hass, Panik und Aggressivität unterscheiden. Die Bandbreite der Emotionen erstreckt sich über Furcht, Angst, Verachtung, Ekel, Enttäuschung, Niedergeschlagen hinzu Freude, Glück, Neugierde, Hoffnung, Erwartung und Hochgefühl.[210] Es können hier unzählige Variationen und „Affekt-" bzw. „Emotionscocktails" entstehen. Der Unterschied zwischen Affekten und Emotionen ist, dass Affekte meist durch bestimmte Anlässe oder Standardsituationen vorgegeben sind und dann losbrechen. Zum Beispiel führt eine starke Bedrohung zu Aggression und Panik, eine tief enttäuschte Liebe zu Hass, starker Stress oder Frust zu Wut und Zorn.[211] Dagegen ordnen sich die Emotionen bestimmten Geschehnissen in uns und in der Welt in sehr variabler Weise zu.[212] „Was der eine mit Hochgenuss tut oder verspeist, mag den anderen ekeln, des einen Freude ist möglicherweise des anderen Schmerz, des einen Hoffnung des anderen Enttäuschung. Natürlich gibt

---

[207] Elger (2009), S. 101
[208] Vgl. Roth (2007), S. 47
[209] ebenda, S. 47
[210] Vgl. Roth (2007), S. 141
[211] Vgl. ebenda, S. 141ff
[212] Vgl. ebenda, S. 142

es einige wenige Dinge, die nahezu allen Menschen Freude und Glück oder Frucht und Angst bereiten, aber damit hört es auch schon auf."[213]

Unser emotionales Innenleben wird schon sehr früh ausgeprägt. Bereits vorgeburtlich und in den ersten drei bis fünf Lebensjahren setzt hier der emotionale Lern- bzw. Konditionierungsprozess ein.[214] „Hierbei bilden sich Charakter und Persönlichkeit in ihrem Kern aus. Während der ersten Schulzeit stabilisiert sich diese Persönlichkeit zunehmend, gerät aber während der Pubertät noch einmal in Aufruhr und verfestigt sich zum Erwachsenenalter hin. Wir sind in der Ausbildung unserer Persönlichkeit nie fertig, aber die Dynamik dieses Prozesses nimmt zum Erwachsenenalter hin stark ab."[215] Unsere grundlegende Motiv- und Triebstruktur wird in diesem prägenden Lebensabschnitt ausgebildet. Ob wir vom Typ her z.B. eher ängstlich oder abenteuerlustig, aufbrausend oder „lammfromm" sind, wird hier bereits determiniert.[216] Die Ausbildung unserer Persönlichkeit gilt nach den ersten Lebensjahren bereits zu ca. 80 % als abgeschlossen.[217] Ausschlaggebend sind hier die Gene, die Hirnentwicklung, die emotionalen Erfahrungen der Mutter während der Schwangerschaft und die Bindungserfahrung des Säuglings mit der Mutter.[218]

Für die Betrachtung einer Unternehmenskultur eröffnen diese Einsichten eine neue Blickrichtung. Vor allem vor dem Hintergrund, dass man sich in seiner Persönlichkeit nur noch schwer verändern kann und man nach einem Umfeld sucht, welches diese stabilisiert. „Menschen tun in aller Regel das, was die in ihrer Persönlichkeit verankerten unbewussten Motive und bewussten Ziele ihnen vorgeben – sie sind überwiegend binnengesteuert. Wenn sie sich ändern, dann überwiegend 'von innen heraus'. Solche Veränderungen sind [...] im Erwachsenenalter relativ selten, wenn sie nicht Nebensächlichkeiten, sondern Dinge der Lebensführung betreffen. Einflüsse von außen werden meist in bemerkenswerter Weise ausgeglichen, auch wenn sie erheblich sind, und nur eine Minderheit von ihnen lässt sich positiv oder negativ nachhaltig beeinflussen. Menschen suchen sich [...] in der Regel diejenigen Lebensumstände, die zu ihrer Persönlichkeit passen, anstatt sich in ihrer

---

[213] ebenda, S. 142
[214] Vgl. ebenda, S. 22
[215] ebenda, S. 225
[216] Vgl. ebenda, S. 95ff
[217] Vgl. ebenda, S. 104ff
[218] Vgl. ebenda, S. 103ff

Persönlichkeit und Lebensführung den wechselnden Lebensumständen anzupassen."[219]

Davon kann man die Schlussfolgerung ableiten, dass Unternehmenskulturen in welchen die Aspekte Druck, Angst und Wettbewerb eine dominierende Rolle spielen, diese durch die Persönlichkeitsdispositionen ihrer Mitglieder erhält. Das basiert auf dem Regelwerk des Selffullfilling-feeling.[220] „Wenn wir der Überzeugung sind, dass das Leben hart ist, werden wir diese Erfahrung auch machen."[221] Die Grundweisen der Interaktion mit einem selbst und seiner unmittelbaren Umgebung, welche in den ersten Lebensjahren ausgeprägt werden,[222] decken sich mit den Basisannahmen welche den Grundstein einer Unternehmenskultur darstellen. Diese Basisannahmen betreffen die Grundannahmen über den Menschen, seine Umwelt und das Wesen seiner sozialen Beziehungen. Sie bilden den Ausgangspunkt für die Werte und Normen, welche zum Teil bewusst sind und sich in Maximen und (ungeschriebenen) Verhaltensregeln widerspiegeln.[223] Beispielsweise kann die Regel „keine Toleranz gegenüber Andersdenkenden", welche das Mobbing gegenüber Entrepreneuren verstärkt, seinen Ursprung in einem allgemeinen Bedrohtheitsgefühl haben. Die Ursache hierfür kann in einer unsicheren Bindungserfahrung in frühster Kindheit liegen.

Es ist fast zwecklos, die Basisannahmen auf „kognitiven Wege" durch einsichtsfördernde oder aufklärerische Maßnahmen zu verändern. Diese Ebene der Persönlichkeit ist nämlich am wenigsten am Verhalten beteiligt. So „[...] können wir eine klare und vernünftige Einsicht in bestimmte Sachverhalte haben und uns dennoch unter dem Einfluss der drei limbischen Ebenen ganz anders verhalten."[224] Man kann einsehen, dass Mobbing keine gute Sache ist, dass es klüger wäre, sich oder andere nicht unter Druck zu setzen etc. Jedoch wird dies am Verhalten nichts ändern können. Wenn man sich in der konkreten Situation befindet, wird es den meisten Menschen wahrscheinlich nicht einmal bewusst werden. Wie schon erwähnt wird das Unterbewusstsein Wege suchen, um Gedankenprozesse und Verhaltensweisen rational zu begründen, da man eine „vernünftige" Erklärung für seine Mitmenschen braucht. Vermeintlich sachliche

---

[219] Roth (2007), S. 290
[220] Vgl. Arnold (2008), S. 149
[221] ebenda, S. 149
[222] Vgl. Roth (2007), S. 92
[223] Vgl. Armutat (2004), S. 25
[224] Roth (2007), S. 105

Argumente gegen neue Ideen sind schnell zur Hand, wenn zum Beispiel der Vorgesetzte oder ein Teammitglied unterbewusst um seinen Status fürchtet.

Um wahre Veränderung erreichen zu können, muss man „an die Emotionen ran". Will man die Basisannahmen einer Unternehmenskultur verändern, so muss man die zugrundeliegenden emotionalen Muster transformieren. Sollen Kulturaspekte wie der produktive Umgang mit Unterschieden, Permissivität, Kontinuität, Offenheit und Risikobereitschaft die Aktionsmuster der Unternehmensakteure bestimmen, sowie das Mobbingverhalten gegenüber Entrepreneuren unterlassen werden, so muss die Emotionalität in diese Richtung entwickelt werden. Hier rückt das Konzept der Emotionalen Intelligenz in den Fokus. Die vertrauten Formen des Sich-in-der-Welt-Fühlens stehen hier im Mittelpunkt, welche es zu verändern gilt.[225] Von Bedeutung ist die Fähigkeit zur emotionalen Selbstkontrolle sowie die Fähigkeit die wirklichkeitsschaffende Kraft eigener emotionaler Muster zu erkennen.[226] „Solche Menschen verfügen über eine ‚emotionale Intelligenz', für die die fünf Aspekte ‚Selbstwahrnehmung', ‚Selbstregulierung', ‚Motivation', ‚Empathie' sowie ‚soziale Fähigkeiten' kennzeichnend sind. Wer in diesen fünf Bereichen ‚stark' ist, handelt aufgeschlossen, situationssensibel und gelassen. Für ihn ist das Bewusstsein leitend, [...] dass unsere Emotionen sich auf das, was wir tun, auswirken'. Menschen mit einer solchen ‚emotionalen Bewusstheit'

- wissen, welche Emotionen sie empfinden und warum,
- erkennen die Zusammenhänge zwischen ihren Gefühlen und dem, was sie denken, tun und sagen,
- erkennen, wie ihre Gefühle ihre Leistung beeinflussen,
- haben ein ihr Verhalten leitendes Bewusstsein ihrer Wertvorstellungen und Ziele."[227]

Ab dem 17. Lebensjahr wird es immer schwieriger, hier Veränderungen zu erreichen, da von da an die Lerngeschwindigkeit bezüglich emotionalen Lernens erheblich abnimmt. Während die Bereiche motorisches oder prozedurales Lernen, kognitiv-intellektuelles bzw. deklaratives Lernen bis ins hohe Alter relativ unproblematisch realisiert werden können, sieht es im Bereich des emotionalen Lernens aber vergleichsweise eher ungünstig aus.[228] Um sich als

---

[225] Vgl. Arnold (2008), S. 89
[226] Vgl. Arnold (2009), S. 45
[227] ebenda, S. 45ff
[228] Vgl. Roth (2007), S. 222ff

Erwachsener noch verändern zu können, bedarf es eines größeren Aufwandes und spezifischer Methoden, um dies zu erreichen.[229]

3.1.2 Neurobiologische Belege für einen Zusammenhang zwischen der Praxis von Achtsamkeitsmeditation und einer gesteigerten emotionalen Intelligenz

Man hat 0,2 Sekunden Zeit, um einen auftauchenden emotionalen Impuls oder Affekt daran zu hindern, in eine Aktion überzugehen. Dieser ist bereits 0,3 Sekunden bevor er einem überhaupt bewusst werden kann, als sogenanntes Aktionspotential im Gehirn entstanden und an unsere Großhirnrinde (der Sitz des Bewusstseins) weitergeleitet worden. Wenn man es in dieser Zeitspanne nicht schafft zu intervenieren, dann entfaltet sich dieses Aktionspotential in Form einer Handlung.[230] Positive Emotionen laufen meist nicht Gefahr eine destruktive Wirkung hervorzurufen, jedoch negative Affekte oder Emotionen wie Angst, Zorn, Rache, etc. Inwieweit jemand fähig ist diese zu regulieren (ein Aspekt der emotionalen Intelligenz) ist davon abhängig, ob die- bzw. derjenige dieses Zeitfenster effektiv zu nutzen weiß. „However, without an awareness of the separation of these processes - 'brain signal, desire, movement' – it's likely you will go directly from brain signal to movement, the way most other animals do."[231]

Grundsätzlich gibt es drei verschiedene Arten, wie man mit aufsteigenden Affekten bzw. Emotionen umgehen kann. Man kann sie ausdrücken, unterdrücken oder kognitiv verändern bzw. modellieren.[232] Die erste Möglichkeit ist jedoch meist nur bei positiven Emotionen im zwischenmenschlichen bzw. unternehmerischen Bereich förderlich. Drückt man beispielsweise seine Wut aus, so kann man davon ausgehen, dass das die Arbeitsatmosphäre nachhaltig verdirbt, da es das Vertrauensverhältnis in hohem Maße negativ beeinflusst.[233] Auch das Unterdrücken von Emotionen scheint keine allzu gute Alternative zu sein. So fand man heraus, dass man durch Unterdrücken nicht imstande ist seine Emotionen zu regulieren. „People who tried to suppress a negative emotional experience failed to do so. While they thought they looked fine outwardly, inwardly their limbic system was just as aroused as without suppression, and in some cases, even more aroused. Kevin

---

[229] Vgl. ebenda, S. 12
[230] Vgl. Rock (2009), S. 54ff
[231] ebenda, S. 55
[232] ebenda, S. 111ff
[233] Vgl. Elger (2009), S. 126

Ochsner, at Columbia, repeated these findings using an fMRI [functional magnetic resonance imaging, Anm. d. Verf.]. Trying not to feel something doesn't work, and in some cases even backfires."[234] Das Umfeld registriert, „dass etwas im Busch ist", wie eine Studie von James Gross, Professor an der Stanford Universität, zeigt. „Gross had an observer sit across from the participants while they tried different emotion-regulation approaches. He found that when someone suppressed the expression of a negative emotion, the observer's blood pressure went up. The observer is expecting to see an emotion but gets nothing. This is odd, and in this way, suppression literally makes other people uncomfortable."[235] Mithilfe regelmäßiger Achtsamkeitsmeditation scheint es, dass man eine andere Art des Umgangs mit seinen Emotionen bzw. Affekten lernen kann und somit seine Fähigkeit zur Selbstregulierung verbessert. Dieser Umgang ist geprägt durch Neugierde, Offenheit, Akzeptanz und Liebe.[236] So kann man imstande sein seine Emotionen bzw. Affekten kognitiv zu modellieren. Anstatt eines Rückzugverhaltens (entspricht Unterdrückung) kommt es zu einer Annäherung.[237] Neurobiologisch kann man das anhand einer linksfrontalen Funktionsverschiebung festmachen, welche bei Stimulustests, bei denen bestimmte Emotionen provoziert werden, nachgewiesen wurde.[238] Ein Annäherungsverhalten ermöglicht es Menschen, effizienter mit Emotionen bzw. Affekten wie z. B. Angst und Frust umzugehen.[239]

Aus der neurobiologischen Perspektive lässt sich jedoch nicht nur eine linksfrontale Funktionsverschiebung beobachten, sondern auch eine Vergrößerung des mittleren Präfrontalbereichs auf beiden Seiten und der Inselrinde.[240] „Die Dicke in diesen Arealen hing mit der Länge der Zeit zusammen, in der die Achtsamkeitsmeditation praktiziert worden war."[241] Es handelt sich hier um Gebiete der Großhirnrinde welche für die Inhalte des Bewusstseins zuständig sind.[242] Die wesentliche Funktion der mittleren Präfrontalbereiche „[...] besteht in der Kontrolle impulsiven, individuell-

---

[234] Rock (2009), S. 112
[235] Rock (2009), S. 112
[236] Vgl. Siegel (2007), S. 36
[237] Vgl. ebenda, S. 55
[238] Vgl. ebenda, S. 55
[239] Vgl. Kabat-Zinn (2007), S. 13
[240] Vgl. Siegel (2007), S. 47ff
[241] Vgl. ebenda, S. 48
[242] Vgl. Roth (2007), S. 43

egoistischen Verhaltens, das von den subcorticalen limbischen Zentren vermittelt wird"[243]. In der Inselrinde wird unser Körpergefühl einschließlich des affektiven Schmerzempfindens verarbeitet,[244] nicht nur körperlicher Art, sondern auch psychischer.[245] Diese neuroplastische Veränderung kann ein Indiz dafür sein, dass diese Areale effektiver und effizienter verarbeiten können[246] und einem somit mehr bewusst werden kann. Ein wichtiger Aspekt bezüglich Selbstregulation. Gefühle müssen bewusst werden, damit man adäquat mit ihnen umgehen kann.[247]

Es zeigt sich, dass je „achtsamer" Menschen sind, desto effektiver können sie ihr Angstzentrum regulieren.[248] Bei diesen Menschen sind folgende Aspekte stärker ausgeprägt: „(1) Nichtreaktivität gegenüber innerem Erleben; (2) Empfindungen, Wahrnehmungen, Gedanken und Gefühle beobachten/bemerken/sich darum kümmern; (3) mit Bewusstheit/(nicht) auf Autopilot handeln, Konzentration/Nichtablenkung; (4) mit Worten beschreiben/etikettieren; (5) Nicht-Beurteilen von Erfahrungen."[249] In Bezug auf den Aspekt „Motivation" der emotionalen Intelligenz ist die Regulation des Angstzentrums von entscheidender Bedeutung, wenn man bedenkt, dass entweder das Angstzentrum, die Amygdala, oder das Belohnungszentrum, das mesolimbische System jemanden zu Verhaltensweisen motiviert.[250] Man kann sagen, dass das Verhalten welches der Angst entspringt (Angriff, Verteidigung, Rückzug) bei „achtsameren" Menschen verringert wird. „Wer unter dauernder Angst lebt, der wird sich leicht in seiner Situation 'festfahren', 'verrennen', der ist 'eingeengt' und kommt 'aus seinem gedanklichen Käfig nicht heraus'. Unsere Umgangssprache ist voller Metaphern, die den unfreien kognitiven Stil, der sich unter Angst einstellt, beschreiben. Wenn dagegen gerade keine Angst da ist, werden die Gedanken freier, offener und weiter."[251] Man erlangt eine emotionale und somit auch kognitive Flexibilität, wodurch man weniger zum blinden

---

[243] ebenda, S. 140
[244] Vgl. ebenda, S. 41
[245] Vgl. ebenda, S. 151
[246] Vgl. Siegel (2007), S. 55
[247] Vgl. Roth (2007), S. 149
[248] Vgl. Siegel (2007), S. 144
[249] Siegel (2007), S. 125
[250] Vgl. Roth (2007), S. 46ff
[251] Vgl. Caspary et.al. (2006 /// 2009), S. 29

Reagieren neigt.²⁵² So ist man auch imstande in kritischen Situationen mehrere Optionen wahrzunehmen oder neue Lösungsansätze für immer wiederkehrende Probleme zu finden, was sich in einer verbesserten Selbstregulation niederschlägt.²⁵³

Durch eine verbesserte Fähigkeit zur Selbstregulation kann man auch soziale Fähigkeiten verbessern. So wurde schon in 2.3 angesprochen, dass sich unter Angst das Klassifizieren intensiviert und dadurch Mobbingverhalten gefördert wird. Ein angstfreier kognitiver Stil lässt Menschen auch Dinge aus multiplen Perspektiven betrachten, denn unter einer aktivierten Amygdala neigen wir zu Verallgemeinerungen und Missinterpretationen. „When the amygdale is aroused it makes 'accidental connections,' misinterpreting incoming data. This misinterpretation happens through a rule of 'generalizing.'"²⁵⁴ Die Fähigkeit Dinge aus multiplen Perspektiven zu betrachten geht damit einher, dass man weniger soziale Vergleiche sowie Schuldzuweisungen anstellt und weniger für Neid anfällig ist.²⁵⁵

Auch die beiden Aspekte Selbstwahrnehmung und Empathie können durch Achtsamkeitsmeditation verbessert werden.²⁵⁶ Selbstwahrnehmung, indem die Fähigkeit zur Introspektion (Gewahrsein der inneren Impulse)²⁵⁷ erhöht wird²⁵⁸ und Empathie, da hier die mittleren Präfrontalbereiche sowie die Inselrinde, welche bei empathischen Prozessen die bewussten Schnittstellen darstellen, anscheinend effizienter und effektiver verarbeiten können²⁵⁹. Wichtig hierbei zu beachten ist, dass wir dasselbe Gehirnnetzwerk für diese beiden Aspekte verwenden, wie für die bereits erörterten Aspekte der emotionalen Intelligenz. Dieses Gehirnnetzwerk wird als unser soziales Netzwerk bezeichnet und ist für alle unsere Interaktionen im Zwischenmenschlichen Bereich zuständig.²⁶⁰ Repräsentiert wird dieses unter anderem durch die schon erläuterten Gehirnpartien.²⁶¹ Die Aspekte der emotionalen Intelligenz lassen sich nur

---

[252] Vgl. Siegel (2007), S. 299
[253] Vgl. Rock (2009), S. 125
[254] ebenda, S. 110
[255] Vgl. Siegel (2007), S. 299
[256] Vgl. ebenda, S. 26
[257] Vgl. Rock (2009), S. 90
[258] Vgl. Siegel (2007), S. 132
[259] Vgl. Siegel (2007), S. 215ff
[260] Vgl. Rock (2009), S. 158
[261] Vgl. ebenda, S. 158

begrenzt getrennt beobachten, sondern bedingen und durchdringen einander, da sie ihre Funktion durch dasselbe Gehirnnetzwerk erhalten.

Entscheidend geprägt wurde dieses durch die schon angesprochenen frühen Bindungserfahrungen,[262] allen voran durch die emotional-nicht-verbale Kommunikation zwischen dem Säugling und seiner Bezugsperson (vornehmlich die leibliche Mutter).[263] „Wichtig für die Frage nach der Persönlichkeit ist der inzwischen vielfach bestätigte Befund, dass der so ermittelte frühkindliche Bindungstyp mit dem erwachsenen Bindungsverhalten eng korreliert ist, d. h. mit der Weise, wie eine Person kognitiv, emotional und motivational mit den Menschen in ihrer engeren familiären oder beruflichen Umgebung umgeht."[264] Ein wichtiger Aspekt bei der Prägung des Bindungsverhaltens ist die Qualität der erfahrenen Einstimmung.[265] Wurden Gefühle wie Verbundenheit, Offenheit, Harmonie, Empathie und Mitgefühl nicht ausreichend vermittelt, so entspricht das einer negativen Bindungserfahrung.[266] Interessant ist, dass die Achtsamkeit höchstwahrscheinlich imstande ist, hier erlittene Defizite auszugleichen. „Wir können sagen, dass die gegenseitige Einstimmung bei der sicheren Bindung zwischen Eltern und Kind einer intrapersonalen Form von Einstimmung beim achtsamen Gewahrsein entspricht. Beide Formen von Einstimmung fördern die Fähigkeit zu engen Beziehungen sowie Resilienz und Wohlbefinden."[267]

3.2 Achtsamkeitsmeditation

Die meiste Zeit des Alltags befinden wir uns im sogenannten Autopiloten, sprich unser Denken und Handeln ist größtenteils von unbewussten Automatismen geprägt.[268] Um die Introspektion zu stärken, muss unser limbisches System zur Ruhe kommen, damit die Gehirnareale, die verantwortlich für das Bewusstsein sind, stärker zum Einsatz kommen können.[269] Das ist beispielsweise der Fall, wenn man sich in die Sitzmeditation begibt. Jedoch setzt im entspannten Zustand auch das sogenannte narrative Netzwerk (narrativ = erzählend) oder auch „default Network" ein. „It's the 'default network,' which includes the

---

[262] Vgl. Roth (2007), S. 92
[263] Vgl. ebenda, S. 23
[264] ebenda, S. 25
[265] Vgl. Siegel (2007), S. 220
[266] Vgl. ebenda, S. 245
[267] ebenda, S. 49
[268] Vgl. Roth (2007), S. 79
[269] Vgl. Rock (2009), S. 108ff

medial prefrontal cortex, along with memory regions such as the hippocampus. This network is called default because it becomes active when not much else is happening, and you think about yourself. [...] It's the network involved in planning, daydreaming, and ruminating. This default network also becomes active when you think about yourself or other people; it holds together a 'narrative.' A narrative is a story line with characters interacting with one another over time. The brain holds vast stores of information about your own and other people's history. When the default network is active, you are thinking about your history and future and all the people you know, including yourself, and how this giant tapestry of information weaves together."[270]

Dem gegenüber steht das direct-experience Netzwerk. „When the direct-experience network is active, several different brain regions become more active. This includes the insula, a region that relates to perceiving bodily sensations. Also activated is the anterior cingulated cortex, a region central to detecting errors and switching your attention. When this direct-experience network is activated, you are not thinking intently about the past or future, other people, or yourself, or considering much at all. Rather, you are experiencing information coming into your senses in real time. [...] A series of other studies has found that these two circuits, narrative and direct-experience, are inversely correlated."[271] Sprich wenn das direct experience Netzwerk stärker aktiv ist, ist das narrative Netzwerk vermindert aktiv und umgekehrt.

Bei der Achtsamkeitsmeditation nutzt man den Fokus auf ein Objekt um das direct-experience Netzwerk verstärkt zu aktivieren. „Richtet man den Fokus auf den Körper, entweder mittels eines Body Scans oder indem man sich bei der Gehmeditation auf die Füße konzentriert, dann weitet sich die Aufmerksamkeit auf das körperliche Empfinden als Anker aus und befähigt denjenigen, seine Aufmerksamkeit neu auszurichten, wenn sie abschweift."[272] Der Unterschied zwischen der Achtsamkeitsmeditation von anderen Meditationsformen ist, dass man nach dieser Fokussierung in einen empfänglicheren Zustand übergeht, in welchem alles ins Bewusstsein gelangen darf, was aufsteigt.[273] Interessant ist hierbei, dass bei der Achtsamkeitsmeditation dadurch der mittlere präfrontale Kortex stärker aktiviert wird als bei Meditationsformen, bei welchen man den

---

[270] ebenda, S. 92
[271] ebenda, S. 93ff
[272] Siegel (2007), S. 150
[273] Vgl. ebenda, S. 133

Fokus dauerhaft auf ein Objekt gerichtet hält.[274] Die anfängliche Fokussierung auf ein Objekt dient bei Achtsamkeitsmeditation zunächst vor allem dazu, die nötige Distanz zum „Erzähler" zu bewahren. Im anschließend offenen Bewusstseinszustand interagiert der Meditierende dann aber mit diesem „Erzähler" und den Gefühlen, welche in diesem Prozess rekonstruiert werden.[275] Beispielsweise denkt man an eine Person, mit welcher man einen Konflikt hat, und damit einhergehend steigen Gefühle von Frust und Ärger auf. Im Zustand des achtsamen Gewahrseins (Fokus auf Objekt und offener Bewusstseinszustand) versucht man sich diesen Gefühlen mit Neugierde, Offenheit, Akzeptanz und Liebe zu nähern[276] und sie auf diese Weise, wie bereits verdeutlicht, zu regulieren. Dieser Vorgang kann als eine Art Selbstkonditionierung angesehen werden, da man direkt mit dem limbischen System interagiert.[277] Eine der wenigen Arten, wie man sich als Erwachsener noch verändern kann.[278]

Wichtig zu beachten ist, dass es sich hierbei um eine Fähigkeit handelt. Jemand könnte viel über emotionale Intelligenz und den Zustand des achtsamen Gewahrseins wissen, das würde ihn oder sie noch lange nicht dazu befähigen, diese Aspekte effizient und effektiv anwenden zu können. „Diejenigen Hirnzentren, die für Verstand und Intelligenz zuständig sind, haben mit denjenigen Zentren, die unsere soziale Vernunft steuern, wenig Kontakt."[279] Kognitiv-intellektuelle Fähigkeiten spielen beim Erlernen von sozialen Fähigkeiten die geringste Rolle[280] und somit sind auch Maßnahmen, welche auf diesen Bereich abzielen, wie z. B. Vorträge, Literatur, Wertekanon, etc. unwirksam. Um uns Fähigkeiten aneignen zu können, bedarf es konkreten Erfahrungen wie der Meditationspraxis, und das immer wieder, man muss üben.[281] Als Erwachsener umso mehr, da die Lerngeschwindigkeit erheblich nachlässt.[282] Beim wissenschaftlich anerkannten MBSR Programm (Mindfulness-Based Stress Reduction) nach Jon Kabat-Zinn entspricht das einer

---

[274] Vgl. Siegel (2007), S. 145ff
[275] Vgl. ebenda, S. 134ff
[276] Vgl. ebenda, S. 260ff
[277] Vgl. Roth (2007), S. 311ff
[278] Vgl. ebenda, S. 303ff
[279] ebenda, S. 101
[280] Vgl. ebenda, S. 105
[281] Vgl. Spitzer (2006), S. 65
[282] Vgl. Roth (2007), S. 222ff

Dreiviertelstunde an je sechs Tagen die Woche.[283] „Im Laufe der Zeit würde die Fähigkeit jener groß angelegten Gruppierung von Achtsamkeit effektiv, effizient und vielleicht (letzten Endes) mühelos eingreifen und die hierarchischen Einflüsse beseitigen und so schließlich zu einem Charakterzug der 'Persönlichkeit' des Betreffenden werden. In Forschungskategorien würde sich das in Form von dauerhaften Veränderungen bei so leicht beobachtbaren Merkmalen wie der Flexibilität des affektiven und kognitiven Stils und der Interaktionsmuster mit anderen ausdrücken."[284] Dass dies allem Anschein nach möglich ist, darauf verweist die Studie „Meditators and Non-Meditators: EEG Source Imaging During Resting". Diese zeigt, „[…] that neuroplasticity effects of long-term meditation practice, subjectively described as increased awareness and greater detachment, are carried over into non-meditating states."[285]

3.3 Neurobiologische Belege für einen Zusammenhang zwischen der Praxis von Achtsamkeitsmeditation und einer effizienten Unterstützung der Inkubationsphasen

Ein fruchtbarer Moment bzw. ein Insight entspringt der geistigen Kohärenz. Liegen in der Appetenzphase noch alle Wissensbausteine nebeneinander, so finden sie in der Inkubationsphase zusammen und münden in einem kognitiven sowie emotionalen Durchbruch, einem Insight bzw. fruchtbaren Moment. Hierzu führten im Jahr 2000 slowenische Forscher eine Studie durch. „They found that 'coherence,' or the ability of different parts of the brain to work together, was necessary for high levels of creativity. Among other things, they saw increased cooperation between hemispheres of the brain, including regions of the brain that lie distant from one another. Another report by the same Slovenian scientists, published in Brain Topography (12 [2000]: 229-40), evaluated the EEG activity in 115 student teachers in a resting state, both with their eyes open and with eyes closed. Measuring the brain activity of their subjects for coherence, they again found a strong correlation between mental coherence and creativity."[286] Weitere Studien bestätigen den Zusammenhang zwischen Kohärenz und Kreativität.[287]

---

[283] Vgl. Kabat-Zinn (2007), S. 318ff
[284] Siegel (2007), S. 204
[285] Tei et.al. (2009), S. 1
[286] Benson et.al. (2004), S. 128
[287] Vgl. ebenda, S. 128ff

Kohärenz wird durch starke Angst verhindert, da es der hierfür benötigten Präfrontalregion die Ressourcen entzieht.[288] „Die Präfrontalfunktion ist integrativ. Das bedeutet, dass lange Stränge der Präfrontalneuronen bis in weit entfernte und abgegrenzte Bereiche des Gehirns und des Körpers hineinreichen. Diese Verbindung von abgegrenzten Elementen ist die wörtliche Definition eines fundamentalen Prozesses, nämlich der Integration."[289] In Bezug auf Problem- bzw. Aufgabenstellungen, welche eine kreative Lösung verlangen tauchen Ängste jedoch schnell auf, da die der Inkubationsphase vorgelagerte Appetenzphase vom Leistungsmotiv geprägt ist. „Das Motiv Leistung ist komplex und äußert sich im Bedürfnis, Dinge gut oder besser zu machen, sich zu übertreffen, schwierige Aufgaben zu meistern, etwas Neues anzufangen, Dinge zu erobern, Hindernisse zu überwinden und den Status zu erhöhen (hier besteht eine Nähe zum Macht-Motiv). Das Leistungsmotiv ist mit Neugier gekoppelt. Mit ihm tritt aber – ähnlich wie beim Macht-Motiv – auch die Angst vor dem Versagen auf."[290]

Das Problem mit der Versagensangst ist, dass sie leichter das limbische System aktivieren kann als die Neugierde. „As well as being a lot more anxious than happy, the limbic system fires up far more intensely when it perceives a danger compared to when it senses a reward. The arousal from a danger also comes on faster, lasts longer, and is harder to budge."[291] Ausgelöst wird das Ganze durch die gedanklichen „Sackgassen", welchen man bei innovativen Lösungsversuchen regelmäßig beggnen kann. Zur Versagensangst kann sich auch noch sehr leicht Frust „gesellen". Dieser tritt auf, wenn es uns unmöglich ist ein zielgerichtetes Verhalten auszuführen, in diesem Kontext endlich eine Lösung zu finden. Das kann sich bis zur Wut steigern.[292] So verliert man sich wieder schnell in seinem autobiografischen Gedächtnis, welches bei ungelösten Problemen verstärkt aktiviert wird.[293] Das äußert sich dann in „endlosen" Gedankenschleifen wie: hätte ich doch..., was wäre wenn..., etc. In Bezug auf einen Insight wirkt sich das sehr kontraproduktiv aus. „The ability to stop oneself from thinking something is central to creativity."[294] Um hier mit einer

---

[288] Vgl. Rock (2009), S. 108ff
[289] Siegel (2007), S. 50
[290] Roth (2007), S. 250
[291] Rock (2009), S. 107
[292] Vgl. Elger (2009), S. 111
[293] Vgl. Siegel (2007), S. 174
[294] Rock (2009), S. 78

gewissen Effizienz die Phasen der Appetenz und Inkubation zu durchlaufen, bedarf es der schon erläuterten Fähigkeiten der emotionalen Intelligenz, Selbstwahrnehmung und Selbstregulation, welche durch die regelmäßige Meditationspraxis verbessert werden können.

Die Präfrontalregion, die entscheidende Schnittstelle im Kohärenzprozess, wird auch während der Meditation verstärkt aktiviert. Unter der Leitung von Sara W. Lazar untersuchten M.D. Herbert Benson und sein Team mit Hilfe der funktionellen Magnetresonanztomografie die neurophysiologischen Prozesse während der Meditation. „The fMRI [functional magnetic resonance imaging, Anm. d. Verf.] brain mapping showed that most sections of the entire brain became dramatically less active. [...] Furthermore, as the general brain quieting occurred, isolated areas of the brain-especially those associated with attention, space-time concepts, and 'executive control' functions, such as decision-making and choice of mental focus - became extremely active. [...] During the meditation exercises we also observed significantly increased blood flow in the limbic system and brain stem, the 'primitive' parts of the brain that control the autonomic nervous system, including blood pressure, heart rate, and breathing rate. Our research team's separate physiologic measurements [...] confirmed that the practical result of this increased activity in the brain stem was actually to lower respiratory rate. Finally, the fMRI showed that a particularly remarkable phenomenon happened at the very end of each meditation period. The subjects were asked to stop their formal meditation and fix their attention for three minutes on a spot on a screen in front of them. During this exercise, their overall brain activity increased dramatically."[295] Das Areal assoziiert mit Aufmerksamkeit, Raum-Zeit Konzepten und exekutiven Kontrollfunktionen entspricht der Präfrontalregion.[296] Die beobachteten Prozesse decken sich auch mit neurophysiologischen Vorgängen, welche sich typischerweise vor einem Insight bzw. fruchtbaren Moment ereignen. Hier kommt es unter anderem zu den Phänomenen „overall quieting of the brain"[297] sowie „heightened activity in the attention and executive-control centers of the brain"[298].

Des Weiteren kommt der Introspektionsfähigkeit eine besondere Bedeutung zu. Zu dieser Erkenntnis ist der Forscher Dr. Mark Beeman gelangt. „Just prior to

---

[295] Benson et.al. (2004), S. 72ff
[296] Vgl. Roth (2007), S. 42ff
[297] Benson et.al. (2004), S. 128
[298] ebenda, S. 128

insight, the medial prefrontal cortex tends to become active. This is part of your default network, and it relates to being aware of your own experience. When trying to solve problems while in a brain scanner in the lab, people who had less medial prefrontal activation, but showed greater activation of visual areas in the brain, tended not to have insights. They were looking closely at the problem, but they were not aware of how they were looking."[299] Es scheint so, als ob die Introspektionsfähigkeit die entscheidende Fähigkeit ist. „People who have more insights don't have better vision, they are not more determined to find a solution, they don't focus harder on the problem, and they are not necessarily geniuses. The 'insight machines,' those whom Beeman can pick based on brain scans before an experiment, are those who have more awareness of their internal experience. They can observe their own thinking, and thus can change how they think. These people have better cognitive control and thus can access a quieter mind on demand."[300] Das erwähnte Gehirnareal, der mediale präfrontale Kortex, ist während der Achtsamkeitsmeditation sogar noch stärker aktiviert als bei anderen Meditationsformen.[301] Man kann sagen, dass die Achtsamkeitsmeditation vielleicht die effizienteste Variante darstellt, um zu einem Insight bzw. fruchtbaren Moment zu kommen.

4. Rahmenbedingungen für eine erfolgreiche Implementierung

„I love to learn, but I hate to be taught."[302] Winston Churchills Aussage enthält die Essenz für eine erfolgreiche Implementierung der Achtsamkeitsmeditation. Man muss in der Zielgruppe eine intrinsische Motivation wecken und nicht durch rein äußere Belohnung (z. B. Geldprämie) oder gar Zwang versuchen diese zum Meditieren zu bringen. Hierzu muss man den menschlichen Motiven gerecht werden, wie dem Streben nach Status, Sicherheit, Autonomie, Verbundenheit und Fairness.[303] „Many studies are now showing that the brain interacts with social needs using the same networks as it uses for basic survival."[304] Sprich diese Bedürfnisse sprechen das limbische System stark an und wirken daher sehr emotionalisierend. Wie schon erläutert ist unser

---

[299] Rock (2009), S. 81
[300] ebenda, S. 81
[301] Vgl. Siegel (2007), S. 145ff
[302] Rock (2009), S. 227
[303] Vgl. Rock (2009), S. 195ff
[304] ebenda, S. 158

Verhalten rein emotionsgesteuert und nicht wie lange geglaubt wurde willens- bzw. verstandesgesteuert.

Ein entscheidender Faktor ist hierbei die Motiviertheit und Glaubhaftigkeit des Lehrenden.[305] Die Zielgruppe muss erleben, dass dieser eine Atmosphäre erzeugen kann, wo man nicht um seinen Status fürchten muss, man ein Gefühl von Sicherheit vermittelt bekommt, Autonomie ermöglicht wird, das Verbundenheitsgefühl in der Gruppe gestärkt wird und man sich fair behandelt fühlt. Hierfür muss er schon fest in der Achtsamkeit verankert sein, da ein solches Verhalten mit „achtsamen" Aktionsmustern, basierend auf den Aspekten Neugierde, Offenheit, Akzeptanz und Liebe[306], zusammen zu hängen scheint. Man kann den Menschen dabei nichts vormachen. „Emotionspsychologen und Neuropsychologen haben herausgefunden, dass zu Beginn einer jeden Begegnung und eines jeden Gesprächs die Glaubhaftigkeit des Partners eingeschätzt wird [...]. Dies geschieht innerhalb weniger Sekunden völlig unbewusst über eine Analyse des Gesichtsausdrucks (besonders Augen- und Mundstellung), der Tönung der Stimme (Prosodie) und der Körperhaltung. Beteiligt hieran sind vor allem die Amygdala und der insuläre Kortex (besonders rechtsseitig) sowie der rechte temporal-parietale Kortex (Gesichterwahrnehmung) und der orbitofrontale Kortex. Unbewusst wahrgenommener emotional gesteuerter Körpergeruch, der Furcht und Unsicherheit vermittelt, könnte ebenfalls eine Rolle spielen; auch dies wird in der Amygdala verarbeitet."[307] Die Achtsamkeit muss schon die Persönlichkeit des Lehrenden durchdrungen haben. Hierbei ist es wichtig, dass der Lehrende von sich sagen kann: „Ich bin auf bewusster Ebene und in meinem Verhalten glaubwürdig, vorbildlich und einfühlsam, weil meine unbewussten Ebenen mich dazu gemacht haben. Entsprechend erlebe ich genau diejenigen beschränkten Einwirkungsmöglichkeiten, die seit jeher im Rahmen der bewussten Kontrolle meiner Impulse, Gefühle, Motive und Ziele bestehen."[308] Der Lehrende kann diese Aspekte also nicht „vorspielen", sondern sie müssen schon fest in seinen Persönlichkeitsdimensionen verankert sein.

Ein weiterer Faktor ist das Image der Intervention. „Je stärker die (positiven) Emotionen sind, die von einem Produkt, einer Dienstleistung oder/und einer

---

[305] Vgl. Caspary et.al. (2006 /// 2009), S. 60
[306] Vgl. Siegel (2007), S. 413
[307] Caspary et.al. (2006 /// 2009), S. 60ff
[308] Roth (2007), S. 304

Marke vermittelt werden, desto wertvoller sind Produkt und Marke für das Gehirn."[309] Man muss aus der Achtsamkeitsmeditation eine Marke im Unternehmenskontext formen. Hierzu muss man die bereits vorhandenen Assoziationen beachten und versuchen, die Maßnahme „positiv aufzuladen". Wahrscheinlich weckt Meditation noch esoterische Assoziationen, da es vor allem im Kontext von asiatischen Religionen wie dem Buddhismus praktiziert wird. Indem man z. B. die wissenschaftlich neurobiologische Komponente hinzufügt kann man hier dem Status- sowie auch Sicherheitsbedürfnis gerecht werden. Es dreht sich dabei um den Bezugsrahmen. „Ein Kaffee bei Starbucks steht dann nicht mehr in Konkurrenz zu einem Kaffee bei Tchibo, weil der Bezugsrahmen nicht das belebende Getränk ist, sondern der Starbucks Kaffee für Urlaub und Erholung steht."[310] Bezüglich der Intervention wäre der Bezugsrahmen für die Achtsamkeitsmeditation „Wettbewerbsfähigkeit im Unternehmen" und nicht „spiritueller Weg". Dafür muss man neue Assoziationen schaffen, wobei man die Geschlechterspezifität beachten sollte. „Im Durchschnitt sind Männer Macht und Dominanz orientierter, Frauen dagegen harmoniebedürftiger und sozialer."[311] Sprich bei Männern sollte man stärker auf Motive wie Autonomie und Status eingehen, hingegen bei Frauen eher auf Verbundenheit und Sicherheit.

Des Weiteren ist der spezifische Lehr- und Lernkontext zu berücksichtigen.[312] Es macht einen Unterschied, ob in einem schönen und extra für die Meditation eingerichteten Raum oder – überspitzt gesagt – in einer Besenkammer meditiert wird. Die Räumlichkeit ist von entscheidender Bedeutung.[313] Die Raumwahl verdeutlicht, welchen Status man der Maßnahme einräumt. Vergleichbar ist das mit dem großen Einzelbüro für den Chef und das Großraumbüro für die anderen Mitarbeiter. Ein Raum stellt im Unternehmen ein Statusobjekt dar. Es sollte auch keine getrennten Räumlichkeiten für das Management einerseits und das restliche Personal andererseits geben, da sonst das Fairness- und Verbundenheitsgefühl untergraben werden kann.

---

[309] Häusel (2008), S. 67
[310] Elger (2009), S. 150
[311] Häusel (2008), S. 84
[312] Vgl. Caspary et.al. (2006 /// 2009), S. 67
[313] Vgl. ebenda, S. 67

5. Zusammenfassung

Innovationen zu generieren wird immer wichtiger für Unternehmen. Dieser Bedarf leitet sich von den sich dynamisch verändernden Marktbedingungen ab. Die Haupttreiber bilden hier der technologische Fortschritt, die veränderten Kundenbedürfnisse, die Verschärfung des Wettbewerbs und ein dynamisches Geschäftsumfeld. Inwieweit es jedoch einem Unternehmen gelingt innovativ zu sein, hängt maßgeblich von seinen Mitarbeitern und der durch sie geprägten Unternehmenskultur ab. So lassen sich aller Wahrscheinlichkeit nach auch die grundlegenden Innovationbarrieren auf dieser Ebene finden. Mögliche Barrieren könnten das organisationale Mobbingverhalten, was einen Zusammenhang mit dem Ausscheiden von Entrepreneuren aus etablierten Unternehmen erkennen lässt, eine mangelnde Berücksichtigung der Inkubationsphasen und eine Unternehmenskultur, welche vor allem durch die Aspekte Druck, Angst und Wettbewerb geprägt ist, sein.

Will man bei den aufgeführten Aspekten der Unternehmenskultur sowie dem Mobbingverhalten Veränderungen erreichen, so gilt es die vertraute Form des Sich-in-der-Welt-Fühlens zu verändern. Bereits vorgeburtlich sowie in den ersten drei bis fünf Lebensjahren wird diese maßgeblich ausgebildet und im Erwachsenenalter bedarf es spezieller Methoden, um hier noch Veränderungen erreichen zu können. Auf kognitivem Wege lassen sich auf dieser Ebene keine Besserungen erzielen. Eine Lösung könnten Methoden zur Förderung der emotionalen Intelligenz sein, da man hierbei lernt sich seiner eigener emotionaler Muster bewusst zu werden und diese zu verändern. Die neurobiologische Forschung gibt Hinweise darauf, dass die regelmäßige Praxis der Achtsamkeitsmeditation Menschen dazu befähigen kann. Die Aspekte der emotionalen Intelligenz „Selbstwahrnehmung", „Selbstregulierung", „Empathie" sowie „soziale Fähigkeiten" könnten gestärkt und der Aspekt „Motivation" bezüglich Angstmotivation verändert werden.

Mithilfe der Achtsamkeitsmeditation könnte man lernen, sich seiner emotionalen Automatismen bewusst zu werden und diese durch eine Art Selbstkonditionierung zu verändern. Diese Fähigkeit scheint mit zunehmender Praxiserfahrung immer effizienter zu werden, sodass man sie auch immer mehr außerhalb der formalen Meditationspraxis anwenden könnte. Des Weiteren gibt die neurobiologische Forschung Hinweise darauf, dass die Achtsamkeitsmeditation eine effiziente Methode zur Unterstützung der Inkubationsphasen sein könnte. Zum einen kann man imstande sein,

Versagensängste besser zu regulieren. Die Gehirnregion, welche für einen geistigen Kohärenzprozess eine entscheidende Schnittstelle darstellt, wird dadurch weniger beeinträchtigt. Zum anderen zeigt sich, dass diese Gehirnregion während der Meditationspraxis verstärkt aktiviert wird. Die damit einhergehend erhöhte Introspektionsfähigkeit scheint signifikant mit der Wahrscheinlichkeit, dass es zu einem Insight bzw. fruchtbaren Moment kommt, zu korrelieren.

Um die Wahrscheinlichkeit, dass die Intervention auch von den Unternehmensakteuren angenommen wird, zu erhöhen, bedarf es der Berücksichtigung von bestimmten Rahmenbedingungen. Hierzu zählen die Motiviertheit und Glaubwürdigkeit des Lehrenden, das Image der Intervention und der spezifische Lern- bzw. Lehrkontext. Bei diesen gilt es den menschlichen Motiven wie dem Streben nach Status, Sicherheit, Autonomie, Verbundenheit und Fairness gerecht zu werden.

Literaturverzeichnis

Andrew, J. P.; Manget, J.; Michael, D. C.; Taylor, A.; Zablit, H. (2010): Innovation 2010: A Return to Prominence - and the Emergence of a New World Order. Herausgeber: The Boston Consulting Group

Armutat, S. (2004): Retentionmanagement. Die richtigen Mitarbeiter binden ; Grundlagen, Handlungshilfen, Praxisbeispiele. 1. Auflage. Bielefeld: Bertelsmann (Edition Praxis, 72)

Arnold, R. (2008): Die emotionale Konstruktion der Wirklichkeit. Beiträge zu einer emotionspädagogischen Erwachsenenbildung. 2. unveränderte Auflage. Baltmannsweiler: Schneider Verlag Hohengehren

Arnold, R.; Bloh, E. (Hg) (2009): Personalentwicklung im lernenden Unternehmen. 4. unveränderte Auflage. Baltmannsweiler: Schneider Verlag Hohengehren

Benson, H.; Proctor, W. (2004): The Breakout Principle. How to activate the natural trigger that maximizes creativity, athletic performance, productivity, and personal well-being. New York: First Scribner trade paperback edition

Caspary, R. (Hg) (2006 /// 2009): Lernen und Gehirn. Der Weg zu einer neuen Pädagogik. Mit Beiträgen von Gerald Hüther, Gerhard Roth, Manfred Spitzer, u.a. 4. Auflage. Freiburg im Breisgau: Herder

Elger, C. E. (2009): Neuroleadership. Erkenntnisse der Hirnforschung für die Führung von Mitarbeitern. 1. Auflage. München: Rudolf Haufe Verlag GmbH & Co. KG

Goffin, K.; Herstatt, C.; Mitchell, R. (2009): Innovationsmanagement. Strategien und effektive Umsetzung von Innovationsprozessen mit dem Pentathlon-Prinzip ; [mit zahlreichen internationalen Fallstudien]. 1. Auflage. München: Finanzbuch-Verlag

Häusel, H. (Hg): Neuromarketing. Erkenntnisse der Hirnforschung für Markenführung, Werbung und Verkauf. 1. Auflage. München: Rudolf Haufe Verlag GmbH & Co. KG

Jaruzelski, B.; Dehoff, K. (2007): The Customer Connection: The Global Innovation 1000. Herausgeber: Booz Allen Hamilton

Kabat-Zinn, J. (2007): Gesund durch Meditation. Das große Buch der Selbstheilung. 3. Auflage. Frankfurt am Main: Fischer-Taschenbuch-Verlag

Rammsayer, T.; Schmiga, K. (2003): Mobbing und Persönlichkeit: Unterschiede in grundlegenden Persönlichkeitsdimensionen zwischen Mobbing-Betroffenen und Nicht-Betroffenen. In: Wirtschaftspsychologie, Jg. 5, H. 2, S. 3–11.

Rock, D. (2009): Your brain at work. Strategies for overcoming distraction, regaining focus, and working smarter all day long. 1. Auflage. New York: Harper Business

Roth, G. (2007): Persönlichkeit, Entscheidung und Verhalten. Warum es so schwierig ist, sich und andere zu ändern. 2. Auflage. Stuttgart: Klett-Cotta

Siegel, D. J. (2007): Das achtsame Gehirn. Korrigierte Neuauflage. Freiamt im Schwarzwald: Arbor-Verlag

Spitzer, M. (2009): Lernen. Gehirnforschung und die Schule des Lebens. 1. Auflage. Heidelberg: Spektrum Akademischer Verlag

Tei, S.; Faber, P. L.; Lehmann, D.; Tsujiuchi, T.; Kumano, H.; Pascual-Marqui, R. D. et al. (2009): Meditators and Non-Meditators: EEG Source Imaging During Resting. In: Springer Science+Business Media

Weidmann, R.; Armutat, S. (2008): Gedankenblitz und Kreativität. Ideen für ein innovationsförderndes Personalmanagement ; [Grundlagen, Beispiele, Handlungshilfen]. 1. Auflage. Bielefeld: Bertelsmann

Thorsten Ebeling

Achtsamkeit im Coaching

2012

Zusammenfassung

Achtsamkeit im Coaching und Coaching für Achtsamkeit. Achtsamkeit ist im Bereich der Psychotherapie mehrfach wissenschaftlich untersucht worden und erfreut sich an zunehmendem Interesse. Im Coaching werden häufig Methoden aus der Psychotherapie verwendet, um die Herausforderungen des Alltags zu lösen oder mindestens erträglich zu gestalten. Die Wissenschaft der Psychotherapie ist für das Coaching eine Grundlagenwissenschaft, die nicht wegzudenken ist. Dass Achtsamkeit im Tagesgeschäft von Coachs wichtig und unverzichtbar ist, wird jeder Coach sofort bestätigen. Doch warum wird es nur so wenig erwähnt? Ist es wegen des esoterischen Gedankens, der mitschwingt, wenn der Begriff genannt wird?

Der Buddhismus ist die Basis für Achtsamkeit. Sie ist ein Kernelement der buddhistischen Lebensphilosophie. Wie Achtsamkeit ins Coaching übertragen werden kann und wie Achtsamkeit für uns Coaches von Bedeutung sein kann, erfahren Sie in dieser Arbeit.

Der Autor will anregen, den Begriff Achtsamkeit im Coaching zu prägen und das Prinzip der Achtsamkeit zu leben. Gerade in Zeiten, in denen ein Begriff wie „Burnout" in allen Köpfen präsent ist und die Krankheitsquote infolge von Stress und Überlastung zu Depressionen führt, muss der Einzelne achtsam mit sich selbst sein. Unternehmer, Personalverantwortliche, Führungskräfte und jede einzelne Person trägt die Verantwortung für achtsamen Umgang miteinander.

Einleitung

Warum bin ich davon überzeugt, dass Achtsamkeit im Coaching unverzichtbar ist?

Der Begriff Coaching ist nicht geschützt. Jeder kann und darf sich Coach nennen, ungeachtet dessen welche Ausbildung, Weiterbildung oder Erfahrungen vorhanden sind. Der Begriff Coaching wird inflationär benutzt. Es gibt heutzutage den Coach in einer Eishockeymannschaft. Dieser betreut, trainiert und berät das Team und die Spieler, um erfolgreich Eishockey spielen zu können. Es gibt den Karrierecoach, den Familiencoach, den Coach als Führungskraft, den systemischen Coach, den Lebensberater, den Finanzcoach. Man könnte die Liste noch weiterführen ohne an ein Ende zu gelangen. Der Coach ist in allen Lebensbereichen präsent und jede Hinzufügung zum Begriff drückt eine Spezialisierung aus. Wann der Gesetzgeber den Begriff Coaching schützt, scheint nur noch eine Frage der Zeit zu sein. Doch was bedeutet Coaching? Das entscheidet jeder Coach für sich. Selbst Lehrbücher sind sich nicht darüber einig, wie Coaching definiert wird.

Der Coach ist aufgrund seiner Ausbildung und Erfahrung in der Lage, andere Menschen zu manipulieren und zu beeinflussen oder im positiven Sinne bei der Erreichung von Zielen oder bei der Lösung von Problemen zu unterstützen. Die Grenze während der Arbeit mit dem Klienten ist oft schwer zu erkennen und daher die Gefahr groß, sie zu überschreiten und dem Klienten den freien Willen zu nehmen. An dieser Stelle ist Achtsamkeit geboten für den Coach und auch für den Klienten.

Die Verbände der Coachs bemühen sich um eine einheitliche Definition der Begrifflichkeit, um einheitliche Qualitätsmaßstäbe und einheitliche Vorgehensweisen im Gespräch oder Dialog mit dem Klienten. Natürlich ist es sinnvoll, Prozesse bis zu einem gewissen Grad zu vereinheitlichen, um die Fehlerquoten gering zu halten. Doch bis zu welchem Grad ist es sinnvoll, wenn über individuelle Persönlichkeiten geredet wird, die in unterschiedlichen Situationen auch unterschiedlich reagieren oder agieren? Der Coach arbeitet mit Persönlichkeiten, jedes Gespräch, jede Situation ist individuell und nicht replizierbar.

Dem widerspricht das Treiben mancher Institutionen zu einheitlichen Abläufen, Strukturen und genormten Prozessabläufen. Je tiefer durch Ausbildungen, Zertifizierungen und Vorgaben in die Prozesse eingegriffen wird, desto weniger individuell kann das Coaching ausfallen. Hier muss jeder Coach in die Eigenverantwortung und jede Form der Einheitlichkeit darf nur eine Stütze und Orientierungshilfe sein. Letztendlich ist Coaching eine Maßnahme, die Persönlichkeitsentwicklung unterstützt und damit die Softskills entwickelt. Aufgrund gut entwickelter Softskills liegt die individuelle Performance des Einzelnen in der Gruppe um ein Vielfaches höher als Personen, die Ihre Persönlichkeit nicht entwickeln. Damit leistet Coaching einen essentiellen Beitrag zur Unternehmens- oder Organisationsentwicklung.

Von Führungskräften werden heute gut entwickelte Softskills, soziale Kompetenzen erwartet. Bei annähernd jeder dritten Stellenanzeige wird vom Bewerber Sozialkompetenz gefordert. Diese Forderung hat sich mittlerweile auch bei den reinen Fachfunktionen durchgesetzt. Auch bei Personalbeurteilungen und Nachwuchsprogrammen für Führungskräfte werden die sozialen Kompetenzen als Schlüsselfunktionen angesehen.

Softskills zu entwickeln ist um ein Vielfaches kostenintensiver und zeitaufwändiger als Fachwissen auszubilden. Bei der Ausbildung von Softskills müssen nachhaltig Verhaltensänderungen bewirkt werden, wenn diese nicht von Beginn an vorhanden sind. Verhaltensweisen können kurzfristig über Motivatoren geändert werden, langfristige und nachhaltige Änderungen können nur durch einschneidende Erfahrungen oder über intensive Persönlichkeitsentwicklung initiiert werden. Achtsamkeit als Schlüsselqualifikation für die Sozialen Kompetenzen ist zur Entwicklung von Softskills unverzichtbar. Verfolgt man die wissenschaftlichen Arbeiten und Studien in der Psychologie, so ist ein Anstieg der Untersuchungen zum Thema Achtsamkeit und den Einfluss auf die Gesundheit sowie das Heilverhalten von psychischen Erkrankungen zu verzeichnen. Das Thema Achtsamkeit, Kernelement der buddhistischen Lebenseinstellung, gewinnt immer mehr an Bedeutung.

Achtsamkeit im Coaching und Coaching für Achtsamkeit ist das Thema der folgenden Arbeit. Achtsamkeit ist ein wissenschaftliches Konstrukt, welches bis heute nur wenig empirisch erforscht ist und eine hohe Komplexität aufweist. Coaching ist durch seine vielen differenten Facetten sehr schwer definierbar. Ich bin der festen Überzeugung, dass Achtsamkeit eine der Schlüsseleigenschaften im Menschen ist und aus diesem Grund einen erheblichen Einfluss auf die Qualität unserer Werte und Wertvorstellung sowie auch unserer Eigenschaften hat.

1. Achtsamkeit

"Einmal kam ein Mann zum Meister. Er bat ihn darum, ihm einige Weisheiten aufs Papier zu schreiben, damit er sie mitnehmen und immer wieder darauf schauen könnte. Der Meister nahm einen Pinsel zur Hand und schrieb nur ein Wort darauf: "Achtsamkeit." Der Mann schaute enttäuscht. "Das kann doch nicht alles sein, oder? Bitte schreib noch etwas dazu." Wieder griff der Meister zum Pinsel und schrieb: "Achtsamkeit, Achtsamkeit." "Vergebt mir, aber das scheint mir weder sehr weise noch tiefsinnig zu sein." Sagte der Mann. Daraufhin schrieb der Meister: "Achtsamkeit. Achtsamkeit. Achtsamkeit." Der Mann fühlte sich vom Meister veralbert und wurde wütend. "Was soll denn Achtsamkeit überhaupt bedeuten?" rief er. Da sagte der Meister: "Achtsamkeit heißt Achtsamkeit."[314]

1.1 Definitionen und Konstrukt

Im buddhistischen Denken hat Achtsamkeit seit jeher einen zentralen Platz. Präsenz ist einer der Hauptaspekte der Achtsamkeit. Dabei kann man zwischen zwei philosophischen Denkrichtungen unterscheiden. Zum einen das Theravada, die Richtung der „Alten" (von den neuen Mönchen abwertend auch das Hinayana („kleines Fahrzeug") genannt), welches neben der Präsenz von Gleichmut spricht. Dementsprechend ist die Haltung der Theravada-Anhänger eher von passivem Gleichmut geprägt. Zum anderen das Mahayana („großes Fahr- zeug") welches eine aktiv-positive, mitfühlende Haltung gegenüber allen Lebewesen einnimmt.[315] Diese Differenz in den beiden zentralen Richtungen des Buddhismus könnte für die heute zu beobachtenden Unterschiede in den Achtsamkeitsdefinitionen verantwortlich sein.[316]

Achtsamkeit ist ein Facettenreicher und komplexer Begriff. Die Wissenschaft hat sich noch nicht auf eine einheitliche Definition einigen können. Die Operationalisierung des Konstrukts ist mehrfach empirisch untersucht worden, gleichwohl laut Sauer weitere Messungen und empirische Untersuchungen notwendig sind, um das Konstrukt differenzierter beschreiben zu können. Die derzeit vorliegenden Ergebnisse sagen aus, dass Achtsamkeit mehrere

---

[314] Kapleau, P. (1969): Die drei Pfeiler des Zen: Lehre, Übung, Erleuchtung, Zürich 1969.
[315] Keown, D. (2001): Der Buddhismus: Eine kurze Einführung. Stuttgart 2001, S. 74ff.
[316] Sauer, S. (2009): Wirkfaktoren von Achtsamkeit: Wirkt Achtsamkeit durch Verringerung der affektiven Reak- tivität? Diss., Koblenz 2009, S. 22ff.

Wirkfaktoren hat und die Messung von Achtsamkeit über Fragebogen ohne behaviorale Maße noch sehr ungenau ausfällt. Stattdessen wird von Grossmann empfohlen, die Messung von Achtsamkeit in Form von qualifizierten Interviews durchzuführen, um valide Ergebnisse zu erzielen.[317] Die Form der Interviews ist sehr aufwändig und die Stichprobengröße kann aufgrund der Komplexität nicht reliabel dargestellt werden. Zwei Effekte wurden bisher in drei Studien gemessen:

1. Je höher die Achtsamkeit, desto besser das Wohlbefinden
2. Der Effekt von Achtsamkeit auf negative Gefühle ist größer als der Effekt auf positive Gefühle.[318]

Der erstgenannte Effekt bedeutet, dass das Wohlbefinden steigt, je höher die Achtsamkeit darauf gelegt wird. Das Bewusstsein, sich im Augenblick wohl zu fühlen, wirkt schon positiv allein durch die Beobachtung an sich. Eine höhere Wirkung wird erzielt, wenn die Beobachtung zusätzlich noch beschrieben wird. Der zweite Effekt beschreibt die Tatsache, dass eine negative Emotion mithilfe von Achtsamkeitsübungen abgeschwächt oder sogar ins Positive gekehrt werden kann. Bei der Verstärkung einer positiven Emotion unter Verwendung der identischen Mittel ist der Effekt vergleichsweise gering. In Bezug auf die Veränderung von Emotionen durch Achtsamkeit unterstützt das Ergebnis das buddhistische Mahayana, da wir pro-aktiv mit den Beobachtungen umgehen anstatt die Emotionen mit Gleichmut hinzunehmen ohne sie verändern zu wollen.

Eine der Studien wurde mit Achtsamkeitsübungen unterstützt, um die Auswirkungen bei den Probanden messen zu können. Die Achtsamkeitsübungen stammen aus dem MBSR- Programm von Kabat-Zinn, der sich nachweislich mit der buddhistischen Psychologie in Bezug auf die Achtsamkeit auskennt. Dieses Hintergrundwissen wird von Grossmann beispielsweise gefordert, weil ohne das Wissen er buddhistischen Psychologie eine genaue Untersuchung gar nicht möglich wäre.[319]

---

[317] vgl. Sauer, S. (2009): Wirkfaktoren von Achtsamkeit: Wirkt Achtsamkeit durch Verringerung der affektiven Reaktivität? Diss., Koblenz 2009, S. 241.

[318] Sauer, S. (2009): Wirkfaktoren von Achtsamkeit: Wirkt Achtsamkeit durch Verringerung der affektiven Reak- tivität? Diss., Koblenz 2009, S. 205ff.

[319] vgl. Sauer, S. (2009): Wirkfaktoren von Achtsamkeit: Wirkt Achtsamkeit durch Verringerung der affektiven Reaktivität? Diss., Koblenz 2009, S. 93.

Eßwein, Physiotherapeut, Yogalehrer, Achtsamkeitstrainer nach dem MBSR-Prinzip und ein Schüler von Kabat-Zinn sagt, dass Achtsamkeit die höchste Form der Aufmerksamkeit ist. Achtsam sein bedeutet, voll und ganz bei dem zu sein was wir gerade tun und wie wir gerade empfinden. Es bedeutet, immer mit uns selbst in Kontakt zu sein.[320] Achtsamkeit ist eine besondere Form der Aufmerksamkeitslenkung, die bewusst und nicht wertend auf das bewusste Erleben des Augenblicks gelenkt ist.[321]

Diese Definitionen sind buddhistisch geprägt und folgen dem Theravada, während die folgenden Definitionen durch Untersuchungen in der klinischen Psychologie erweitert worden sind.

„Achtsamkeit ist demnach durch eine absichtsvolle Ausrichtung und Aufrechterhaltung der Aufmerksamkeit auf das sich von Moment zu Moment entfaltende Erleben (z. B. Gedanken, Gefühle, äußere Reize) und der Begegnung der wahrgenommenen Bewusstseinsinhalte mit einer offenen, annehmenden und akzeptierenden (nicht-bewertenden) Haltung."[322]

„Achtsamkeit bedeutet das bewusste Wahrnehmen dessen, was gerade geschieht. Achtsam sein heißt, eine nicht-bewertende, akzeptierende Haltung einzunehmen und den sinnlichen Erfahrungen besondere Aufmerksamkeit zu schenken."[323]

Bei näherer Betrachtung der oben genannten, der Theravada folgenden Definitionen wird deutlich, dass sie nur zwei Dimensionen berücksichtigen. Das Beobachten einer Emotion und das akzeptierende und nicht-wertende dieser Emotion. Um Achtsamkeit im Coaching, in der Therapie oder für uns selbst positiv entwickelnd einzubringen, sind zwei weitere Dimensionen notwendig. Die Anwendung dieser Dimensionen sorgt für die Beschreitung des buddhistischen Mahayana. Proaktivität beginnt beim Beschreiben der beobachteten Emotion und dem nachfolgenden Handeln mit Aufmerksamkeit.

---

[320] Eßwein, J.-T. (2012): Achtsamkeitstraining, 5. Aufl., München 2012, S. 6.
[321] Kabat-Zinn (1990): Full Catastrophe Living: Using the wisdom of your body and mind to face stress, pain and illness, 1990.
[322] Bishop et al. (2004): Mindfulness: A proposed operational definition. In:Clinical Psychology: Science and Practise, 11 (3), S. 230-241.
[323] Huppertz, M. (2006): Achtsamkeit in der Dialektisch-Behavioralen Therapie (DBT). Zeitschrift für Psychiat- rie, 54 (4), 255-264.

1.2 Die vier Faktoren der Achtsamkeit

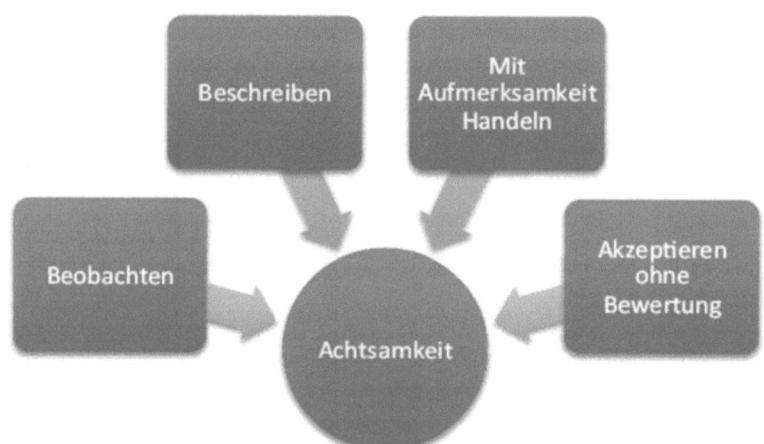

Abbildung 1: Die vier Faktoren der Achtsamkeit
Quelle: in Anlehnung an Ströhle et al. 2010

Untersuchungen des FFA lassen die Vermutung aufkommen, dass ein Generalfaktor vorliegt, da sich die vier Faktoren (gegenwärtige, nicht-identifizierte Aufmerksamkeit; akzeptierende, nicht-urteilende Haltung; ganzheitliches Annehmen; prozesshaftes, einsichtsvolles Verstehen) in weiteren Analysen nicht eindeutig replizieren ließen.[324] Mit der KIMS-D-Studie wurden die vier Faktoren leicht modifiziert und wie nachfolgend beschrieben.

Das aufmerksame **Beobachten** der Erfahrung ist aus theoretischer Sicht auf jeden Fall ein Aspekt der Achtsamkeit. In der Studie wurde allerdings eine Nullkorrelation mit dem Aspekt Akzeptieren ohne Bewertung (AOB) festgestellt. Das könnte daran liegen, dass das Beobachten innere (z.B. Gefühle, Gedanken) und äußere Dinge (z.B. Geräusche, Gerüche) erfasst, während das AOB nur innere berücksichtigt.[325]

Beschreiben ist die Fähigkeit, seine Erfahrungen und Gefühle in Worte fassen zu können. Die kurze Nennung eines Gefühls ohne weiterführende Analyse ist therapeutisch bedeutsam, weil es eine wichtige Rolle bei der

---

[324] Ströhle et al. (2010): Die Erfassung von Achtsamkeit als mehrdimensionales Konstrukt: Die deutsche Version des Kentucky Inventory of Mindfulness Skills (KIMS-D). In: Zeitschrift für klinische Psychologie und Psycho- therapie, 39 (1), Göttingen 2010, S. 1.
[325] Ebd.

Emotionsregulierung spielt. Es bietet die Möglichkeit, sich distanziert von der Emotion zu betrachten und eine Metaebene einzunehmen.[326] Inhaltlich ist die Fähigkeit sein Erleben beschreiben zu können ein Hinweis darauf, inwieweit man mit seinem Innenleben in Kontakt ist. Das ist ein Indikator für Bewusstheit und damit auch Achtsamkeit. Die Komponente Beschreiben findet Ihren Ursprung in den traditionellen Achtsamkeitsmeditationen.[327]

Mit Aufmerksamkeit Handeln bedeutet, sich vollständig auf eine Aktivität einzulassen und aufmerksam auf nur eine Sache zu sein. Die gegengesetzte Bewusstseinsqualität ist der Autopilotenmodus. Hier laufen halbautomatische Routinen ab, die das ganzheitliche Erleben des Augenblicks verhindern.[328]

Der Faktor **Akzeptieren ohne Bewertung** beschreibt die nicht-wertende Haltung gegenüber der aktuellen Erfahrung. Hierbei werden automatische Bewertung wie gut/schlecht oder richtig/falsch nicht angewendet. Man lässt die Realität so sein wie sie ist und vermeidet Versuche, sie in irgendeiner Art und Weise zu verändern.[329]

Die vier Faktoren geben die Möglichkeit zu überprüfen, welcher Aspekt der Achtsamkeit für einen Therapieeffekt genau verantwortlich ist. Weiterhin wird ein Rückschluss möglich, welche Methoden die Qualität der Achtsamkeit besonders fördern können. Eventuell kann es auch als sinnvoll erachtet werden, je nach Störungsbild oder Therapiephase einen anderen Aspekt der Achtsamkeit zu entwickeln.[330]

Um Achtsamkeit für das Coaching nachvollziehbar visualisieren zu können, nutze ich ein angepasstes Werte- und Entwicklungsquadrat von Schulz von Thun. Schulz von Thun hat das Wertequadrat von Helwig aufgegriffen und

---

[326] Berking (2007): Training emotionaler Kompetenzen: TEK – Schritt für Schritt. Berlin 2007.
[327] Ströhle et al. (2010): Die Erfassung von Achtsamkeit als mehrdimensionales Konstrukt: Die deutsche Version des Kentucky Inventory of Mindfulness Skills (KIMS-D). In: Zeitschrift für klinische Psychologie und Psycho- therapie, 39 (1), Göttingen 2010, S. 10.
[328] Baer, R. A., Smith, G. T. & Allen, K. B. (2004): Assessment of mindfulness by self-report: The KentuckyInventory of Mindfulness skills. Assessment, 11, 191–206.
[329] Berking (2007): Training emotionaler Kompetenzen: TEK – Schritt für Schritt. Berlin 2007.
[330] Ströhle et al. (2010): Die Erfassung von Achtsamkeit als mehrdimensionales Konstrukt: Die deutsche Version des Kentucky Inventory of Mindfulness Skills (KIMS-D). In: Zeitschrift für klinische Psychologie und Psycho- therapie, 39 (1), Göttingen 2010, S. 1.

modifiziert, indem er die Entwicklung des Wertes hinzugefügt hat.[331] An dieser Abbildung wird verdeutlicht, welche Ausprägungen der Wert Achtsamkeit haben kann und was das Ziel bei der Entwicklung der Eigenschaft sein sollte.

Achtsamkeit und Automation sind die Extreme einer dualen Ausprägung im Verhalten. Im Normalfall ist es für die Persönlichkeitsentwicklung sinnvoll, eine Eigenschaft nicht im Extrempunkt zu haben, sondern als Ausprägung in die eine oder andere Richtung. Die „gute Mischung" macht die Eigenschaft erst zur Anwendung sinnvoll. Achtsamkeit ist in der Anwendung für Coaching und Therapie eine Ausnahme. Im Gegensatz zu anderen Eigenschaften und Werten ist das Extrem Achtsamkeit aus mehreren Gründen erstrebenswert. Der Achtsame beherrscht die Fähigkeit, automatische Abläufe bewusst wahrnehmen zu können und reduziert dadurch die Fehlerquote erheblich. Im Coaching und in der Therapie müssen automatische Handlungen ausgeschlossen werden, d.h. Achtsamkeit muss im Dialog allgegenwärtig sein. Der Achtsame reduziert Andersdenkende nicht auf ihre entwertende Übertreibung, sondern nimmt deren Meinung an und richtet seine Handlungen danach, ohne den Andersdenkenden ohne Einverständnis ändern zu wollen.

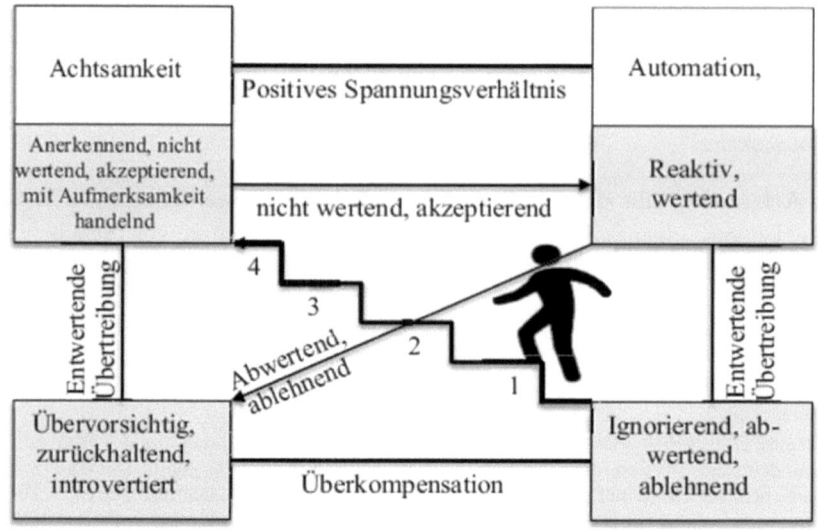

Abbildung 2: Achtsamkeitsquadrat
Quelle: in Anlehnung an Schulz von Thun 2010, S. 52

---

[331] Schulz von Thun, F. (2010): Miteinander reden: Fragen und Antworten, 3. Aufl., Reinbek 2007. S. 49.

In der Psychotherapie gibt es bereits seit längerem Ansätze, die explizit Achtsamkeit integrieren (Gestalt-Therapie). Seit kurzer Zeit entwickelt sich innerhalb der Verhaltenstherapie eine Reihe von entsprechenden Ansätzen. Darüber hinaus existieren Überlegungen, dass Achtsamkeit implizit in nicht achtsamkeitsbasierten Verfahren eine Rolle spielt.[332]

Im Coaching wird das Thema Achtsamkeit kaum thematisiert. Betrachten wir die Erfolge von Entspannungstechniken wie z.B. MBSR oder nach Edmond Jakobsen, die mit dem Achtsamkeitsprinzip arbeiten, liegt die Vermutung nahe, dass Achtsamkeit in Zukunft noch ein größeres Thema wird.

2. Coaching

Laut Böning und Fritschle findet man die Wurzeln des Coachings im situativen und entwicklungsorientierten Führungsstil nach Hersey und Blanchard. Angepasst zur Reife des Mitarbeiters wird dieser durch die Führungskraft instruiert, trainiert, unterstützt oder delegiert. Dabei ist das Ziel immer die systematische Entwicklung des aufgabenbezogenen Reifegrads des Mitarbeiters.[333]

Die weitere Entwicklung des Coaching vollzog sich bis heute in sechs weiteren Phasen. In Phase zwei fokussierten sich die Coaching-Aktivitäten auf die karrierebezogene, systematische Betreuung von Nachwuchsführungskräften, welche eher dem Mentoring zuzuordnen sind, da meist höherrangige Manager als Unterstützer zur Seite gestellt wurden.

Mitte der 80er Jahre begann die eigentliche Pionierphase des Coaching in Deutschland. Durch Thematisierung in den Massenmedien 1986 durch Looss und Geissler, sowie durch die Übertragung der Coach-Rolle an externe Spezialisten mit gleichzeitiger Konzentration auf das Top-Management.

Als Coaching Ende der 80er in die Führungskräfte- und Personalentwicklung integriert wurde, begann Phase vier. Im Rahmen der Wissensverbreitung zum Thema Coaching in den Personalentwicklungsabteilungen avancierten die

---

[332] Sauer, S. (2009): Wirkfaktoren von Achtsamkeit: Wirkt Achtsamkeit durch Verringerung der affektiven Reaktivität? Diss., Koblenz 2009, S. 82.
[333] Böning, U., Fritschle, B. (2005): Coaching fürs Business: Was Coaches, Personaler und Manager über Coaching wissen müssen. Bonn 2005, S. 26ff.

externen Coachs zu Spezialisten, die auf dem Weiterbildungsmarkt eingekauft werden mussten.

Nach der Etablierung der Coaches als Spezialisten begann in der nächsten Phase die Aufspaltung des Coachings in etliche Untergruppen wie z.B. Teamcoaching, EDV-Coaching oder auch Gruppencoaching. Wo immer zwischenmenschliche Hindernisse auftraten, wurde Coaching durchgeführt. Vereinzelt wurde Coaching sogar schon zur Unterstützung von Change Management Projekten eingesetzt.

Die in Phase fünf begonnene Aufspaltung setzte sich fort. Jeder nutzte den Begriff Coaching und „spezialisierte" sich zum Astrologie-Coach, zum Zen-Coach oder zum Finanz-Coach, um sich dem wirtschaftlichen Aufschwung der Berufsgruppe anzuschließen.

Die Vielfalt der Spezialisierungen hat sich bis heute gehalten und sorgte in der jetzigen siebten Phase für eine vertiefte Professionalisierung. Coaches schlossen sich zu Verbänden zusammen, erarbeiteten einheitliche Definitionen und Qualitätsmaßstäbe, um sich von der fragwürdigen Welt der „Wunder-Coaches" abzugrenzen. Durch Kongressarbeit, Intensivierung von Forschung, Entwicklung von Ausbildungen und Zertifizierungen sowie mit dem Schulterschluss der Wirtschaft gelang es, Coaching als attraktive Methode zur Persönlichkeitsentwicklung zu stabilisieren und zu etablieren. Die Verbände haben hierzu viel beigetragen.[334]

2.1 Verbände und ihre Begriffsdefinitionen

Innerhalb der letzten drei Dekaden sind zahllose Definitionen und Begriffsbestimmungsverbände in Deutschland entstanden, die sich auf eine Definition für Coaching beziehen. Aufgrund der Vielzahl von unterschiedlichen Definitionen, Ansätzen und Verständnissen zum Coaching-Begriff bei den einzelnen Anbietern, habe ich mich auf die Verbände beschränkt, um den Rahmen dieser Arbeit nicht zu sprengen. Die Verbände skizzieren meist ein klares Verständnis für Ihre Mitglieder, gleichwohl sich die Suche nach der Definition für Coaching auf den einzelnen Verbandsseiten als äußerst schwierig erwiesen hat. Zum Teil waren gar keine Definitionen oder sogar nur Fragestellung zur Selbstbeantwortung aufzufinden. Manchmal ist es mir nicht

---

[334] Hartmann, K. (2010): Instrumente der Personalförderung. In: Handbuch Personalentwicklung, Hrsg.: Bröckermann, R., Müller-Vorbrüggen, M., 3. Aufl., Stuttgart 2010, S. 416-418.

gelungen, eine Definition zu finden. Um die Qualität der Verbandsauswahl zu gewährleisten, habe ich die folgenden Richtlinien angesetzt:

1. Der Verband bietet eine Coaching-Ausbildung oder die Zertifizierung dazu an,
2. Der Verband publiziert eine Definition oder ein Verständnis von Coaching,
3. Der Verband ist in der Wirtschaft anerkannt,
4. Der Verband distanziert sich von Sekten.

ECA, die Europäische Coaching Association definiert Coaching wie folgt:

„Professionelles Coaching ist potential- und zielorientierte, gleichberechtigte und partnerschaftliche Beratung und Begleitung von Klienten unter Berücksichtigung ihrer persönlichen Ressourcen und Fähigkeiten. Der Klient vereinbart Zielerreichung in beruflichem und/oder privatem Kontext. Das Vorgehen orientiert sich dabei ausschließlich an der aktuellen Bedarfssituation des Klienten. Der zeitliche Rahmen der Coaching-Settings wird individuell abgestimmt."[335]

Der BDVT, Berufsverband für Trainer, Berater und Coachs nennt den Coach Businesscoach. Der Coach begleitet den Klienten professionell und wertfrei zu den unterschiedlichsten beruflichen und geschäftlichen Themen. Das Coaching ist grundsätzlich individuell, zeitlich begrenzt und lösungsorientiert. Der Erfolg des Coachings wird messbar gemacht und zum Abschluss auf Erfolg geprüft. Der Coach achtet auf eine klare Abgrenzung zu Training, Beratung, psychotherapeutischen und heilkundlichen Verfahren.[336]

Der Deutsche Bundesverband Coaching (DBVC) definiert Coaching als professionelle Beratung, Begleitung und Unterstützung zur Steigerung und zum Erhalt der Leistungsfähigkeit. Der Personenkreis wird begrenzt auf Personen mit Führungs- und Steuerungsfunktion sowie Experten in Organisationen. Gleichwohl wird primär Wert auf den beruflichen Kontext gelegt. Der Klient wird angeregt, eigene Lösungen zu entwickeln und lernt das Erkennen von

---

[335] http://www.european-coaching-association.de/i/47.%20vertrauen%20-%20integrität%20-%20augenhöhe(1).pdf Zugriff am 17. April um 20:10 Uhr.

[336] http://www.bdvt.de/images/stories/Medien/PDF/Akademie/Berufsbilder.pdf, S. 10, Zugriff am 16. April 2012 um 20:50 Uhr.

Problemursachen. Ein grundsätzliches Merkmal ist die Förderung der Selbstreflexion des Klienten.[337]

Der DVCT setzt ebenfalls auf Professionalität. Die individuelle Lösungskompetenz des Klienten steht im Vordergrund. Der Klient bestimmt das Ziel, der Coach verantwortet den Prozess. Coaching ist ein strukturierter, zeitlich begrenzter Dialog und auf die Ziele und Bedürfnisse des Klienten zugeschnitten. Der Coaching-Prozess ist mess- und prüfbar.[338]

Der Deutsche NLP Coaching Verband definiert Coaching innerhalb komplexer Beratungsprozesse als persönlichen Veränderungsprozess von Menschen. Training kann kleines Element im Coaching sein. Der Fokus liegt primär auf mentaler Unterstützung und der Förderung von Selbstentfaltungsprozessen.[339]

Der QRC, Qualitätsring für Coaching und Beratung definiert Coaching als interaktiven Prozess und Hilfe zur Selbsthilfe. Der Klient behält zu jeder Zeit die Verantwortung, der Coach unterstützt durch gezielte Fragen. Die Inhalte können auf persönlicher und auch auf beruflicher Ebene liegen. Coaching ist ein ganzheitlicher Prozess. Coaching ist Reflexion, Wahrnehmung, Achtsamkeit und Veränderung und benötigt gegenseitiges Vertrauen als Basis. Coaching ist freiwillig.[340]

Der Berufsverband Deutscher Psychologinnen und Psychologen (BDP) beschreibt die Schwierigkeit einer einheitlichen Definition und begründet dies mit der Verschiedenartigkeit der Inhalte. Eine eindeutigere Stellungnahme ist hier nicht zu finden. Der BDP verbindet Coaching mit einer vertrauensvollen Atmosphäre und der Begleitung bei der Bewältigung der Aufgaben des Klienten.[341]

Die Deutsche Gesellschaft für Coaching (DGfC) definiert Coaching als professionelle, moderne und flexible Form der Beratung. Coaching ist kreativ und ganzheitlich, zielorientiert und fördernd. Die persönliche Situation des

---

[337] http://www.dbvc.de/der-verband/ueber-uns/definition-coaching.html, Zugriff am 16. April 2012 um 20:43
[338] http://www.dvct.de/coaching/definition/, zugriff am 16. April 2012 um 21:07 Uhr.
[339] http://www.deutscher-nlp-coaching-verband.de/nlp-coaching/coaching-definition/, Zugriff am 16. April 2012 um 21:14 Uhr.
[340] http://www.qrc-verband.de/Coaching.html, Zugriff am 16. April 2012 um 21:22 Uhr.
[341] http://www.bdp-verband.de/psychologie/glossar/coaching.shtml, Zugriff am 16. April 2012 um 21:53 Uhr.

Klienten wird immer mit berücksichtigt. Coaching unterstützt Reflexion, Stabilisierung und Bewältigung schwieriger Situationen. Coaching ist persönlich und beruflich orientiert.[342]

> *"coaching is facilitating the client's learning process by using professional methods and techniques to help the client to improve what is obstructive and nurture what is effective, in order to reach the client's goals"*[343]
>
> *"Coaching is partnering with clients in a thought-provoking and creative pro- cess that inspires them to maximize their personal and professional potential."*[344]

Der QRC ist der einzige Verband, der in Bezug auf die Coaching-Definition den Begriff Achtsamkeit verwendet und damit auf die emotionale Qualität des Prozesses eingeht.

2.2 Was sagt die Wissenschaft dazu?

Die Vielfalt von wissenschaftlichen Arbeiten zum Thema Coaching ist unüberschaubar. Selbst Böning und Fritschle haben sich bei der Recherche nach Definitionen durch die Literatur der renommierten Größen aus diesem Bereich gewühlt und diese als Zitate aufgelistet. Große Unterschiede treten schon auf, wenn man die Auffassung von Coachs denen der Personaler entgegenstellt. Bei beiden Gruppen differiert allein schon der Blickwinkel.[345]

Die Wissenschaft definiert aus diesen Gründen Coaching nur im Kontext zu einem Thema. Genau so scheinen auch die Verbände ihr Verständnis von Coaching formuliert zu haben; immer den Fokus auf dem Tätigkeitsbereich. Im Kontext dieser Arbeit eine wissenschaftlich fundierte Definition zu schreiben halte ich für fatal. Stattdessen gibt es eine Definition von Rauen:

---

[342] http://www.coaching-dgfc.de/cgi-bin/portal/portal.pl?level=root&pmenu_id=1, Zugriff am 16. April 2012 um 22:00 Uhr.
[343] ICF Code of Conduct for Coaching and Mentoring. June 2011, S.3.
[344] Ströhle et al. (2010): Die Erfassung von Achtsamkeit als mehrdimensionales Konstrukt: Die deutsche Version des Kentucky Inventory of Mindfulness Skills (KIMS-D). In: Zeitschrift für klinische Psychologie und Psycho- therapie, 39 (1), Göttingen 2010, S. 1.
[345] Böning, U., Fritschle, B. (2005): Coaching fürs Business: Was Coaches, Personaler und Manager über Coaching wissen müssen. Bonn 2005, S. 37ff.

> *„Coaching ist ein interaktiver, personenzentrierter Beratungs- und Betreuungsprozess, der berufliche und private Inhalte umfassen kann."*[346]

Rauen definiert Coaching und bringt alle derzeit existierenden Möglichkeiten in dieser Definition unter. Allerdings ist die Aussagekraft gleich null und trägt dem Anspruch von Achtsamkeit keine Rechnung. Die Definition scheint sehr wohl als Basis verwendbar zu sein, hält aber dem Anspruch jeglicher Spezialisierung nicht stand. Die Wissenschaftler haben es längst erkannt: Coaching definiert man, indem man Bezug herstellt. Bezug wird hergestellt durch:

1. Zielgruppe,
2. Thema,
3. Coaching-Art,
4. Variation oder Spezialisierung.

Wo sich welche Definition nachher im allgemeinen Wirtschaftsraum befindet und um ein wenig Ordnung in die Coaching-Landschaft zu bringen, haben Böning und Fritschle den Coaching-Würfel (Abb. 3) entwickelt. Anhand dessen wird die bisher beschriebene Thematik bestmöglich visualisiert. Jede Coaching-Variation hat ihren Platz im Raum und auch ihre Daseinsberechtigung im Markt.

Der Würfel zeigt die räumliche Lage der einzelnen Variationen im Rahmen des Marktes und der unterschiedlichen Vielfalt der anderen Variationen. Je nach Wahl der Zielgruppe, Thema, Coaching-Art und Variante kann sich die Lage überall im Raum befinden.

---

[346] Rauen, C. (2002): Handbuch Coaching, 2. Aufl., Göttingen 2002.

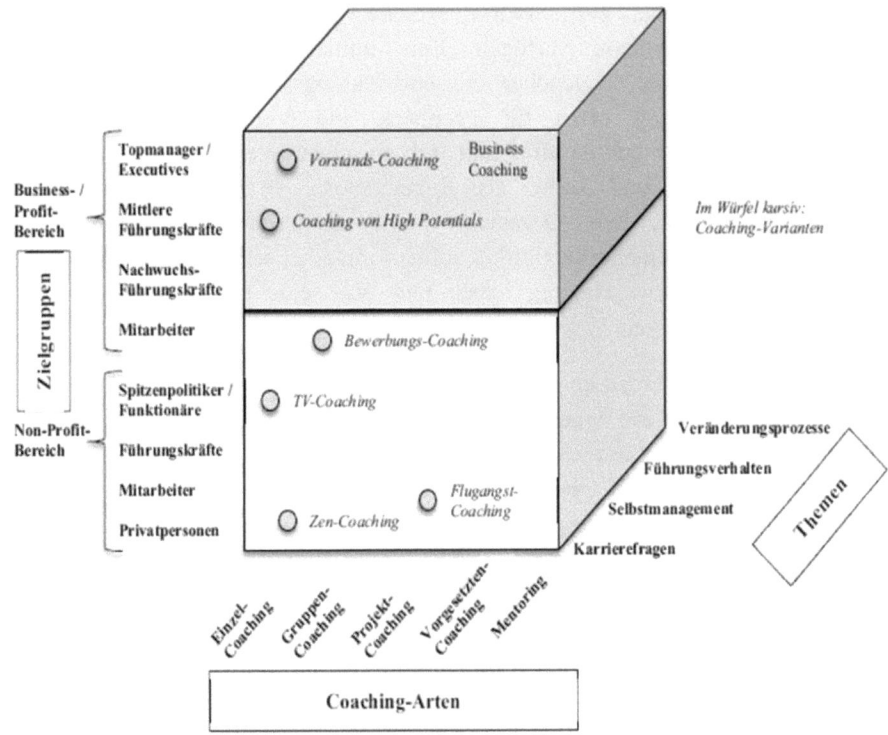

Abbildung 3: Coaching Würfel
Quelle: Böning/Fritschle 2005: S.54

Dieses Klassifikationsmodell gibt nicht nur eine hervorragende Übersicht über die unterschiedlichen Coaching-Varianten, sondern auch über die Anforderungen an Coachs.

2.3 Anforderung an Coachs

Die Anforderungen an einen Coach sind vielfältig und differieren je nach Anlass, Thema und persönlicher Vorliebe des Klienten. Selbst die Abteilungen der Personalentwicklungen in den Konzernen und großen Unternehmen unterhalten einen größeren Pool an Coaches, die je nach Persönlichkeit des Coaches oder nach Expertenwissen ausgewählt werden können. Die folgende Aufzählung erhebt aus diesem Grund kein Recht auf Vollständigkeit, sondern bietet lediglich einen Orientierungsrahmen.

Ein Coach sollte über betriebswirtschaftliche, sozialwissenschaftliche und psychologische Kenntnisse verfügen. Eine humanistische Einstellung ist Voraussetzung, um im Gegenüber ein entwicklungsfähiges Individuum zu sehen. Ein Coach ist offen für Feedback und Veränderungen, er ist aufmerksamer Zuhörer und ist offen und aktiv in seinen Interaktionen. Er ist ein kooperativer Helfer und sollte als Businesscoach Kenntnisse über die Unternehmensstruktur, deren Organisation und das gesamte Umfeld haben. Charisma und intellektuelle Flexibilität sollte vorhanden sein. Der Coach sollte eine ideologisch offene Haltung haben und über eine breite Lebens- und Berufserfahrung verfügen.[347]

Von Verbandsseite werden an Coachs unterschiedliche Anforderungen gestellt. Einige legen Wert auf ein abgeschlossenes Studium und einige legen eher Wert auf Praxiserfahrungen. Manche kombinieren beides. Die meisten Verbände legen zusätzlich Wert auf eine Distanzierung von Sekten und verlangen von ihren Mitgliedern eine klare Trennung zwischen Coaching, Beratung und Training. 2003 und 2007 wurde von der Trigon Entwicklungsberatung eine Befragung durchgeführt. Klienten, Coachs und Personalentwickler wurden in Bezug auf die Anforderungen an ein Coaching, die Anforderungen an einen Coach sowie zu den Coaching-Themen befragt (Abb. 4).

Die wichtigste Anforderung an den Coach ist Loyalität und Verschwiegenheit. Den Zusatzinformationen der Befragung zufolge liegt das zum wesentlichen Anteil an den Dreiecksbeziehungen in denen der Arbeitgeber des Klienten den Coach bezahlt und dadurch Ängste entstehen, dass der Coach seine Berufsethik verletzt und dem Chef oder Auftraggeber Interna aus dem Gespräch mitteilt. Danach kommt ein breites Lebensspektrum und Erfahrung und sofort im Anschluss die Ziel- und Ergebnisorientierung.

---

[347] Simon, W. (2007): Persönlichkeitsentwicklung: Der große Methodenkoffer. 2. Aufl., Offenbach 2010, S. 234-235.

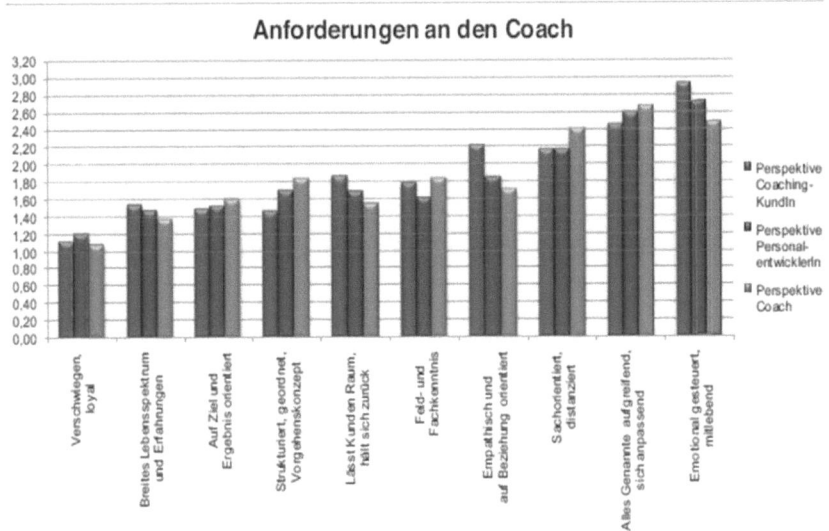

Abbildung 4: Anforderungen an den Coach
Quelle: Trigon Entwicklungsberatung, Trigon Coaching Befragung 2007, S. 2

2.4 Resümee

Coaching ist zum heutigen Zeitpunkt ein inflationär verwendeter Begriff und die Dienstleistungen die sich dahinter verbergen sind nicht immer von der Qualität, die ein mächtiges Instrument, welches in die Entwicklung und das Verhalten von Menschen eingreift, haben sollte. Die Verbände, in denen sich Coachs zusammengeschlossen haben sind sich nur bedingt einig und liefern durch überproportional vorhandene Vorgaben eine Einschränkung der Individualität des Coachs und seiner eigenen Vorgehensweisen. Das könnte, wenn der Coach an dieser Stelle nicht eigenverantwortlich handelt, zu einer Einschränkung der beratenden Leistung für den Klienten führen.

Die Wissenschaft erwähnt Coaching nur in Kombination mit Thema, Zielgruppe, Variation oder Art. Allgemein können wir die Definition von Rauen festhalten und Coaching als inter- aktiven, personenzentrierten Beratungs- und Betreuungsprozess, der berufliche und private Inhalte umfassen kann, verstehen. Sämtliche Spezialisierungen können auf dieser Basis definiert und eingeschränkt werden.

Im Hinblick auf die Anforderungen an Coachs ist die Loyalität gegenüber dem Klienten und Verschwiegenheit über die Gesprächsthemen die meistgeforderte

Eigenschaft nach dem breiten Erfahrungs- und Lebensspektrum, das der Coach mitbringen sollte. Die breite Erfahrung ist vermutlich dem Trend zur Spezialisierung geschuldet. Es ist anzunehmen, dass der Wunsch besteht, nicht für jedes Thema immer den Coach wechseln zu müssen, sondern mit seinem Coach des Vertrauens alle Themen bearbeiten zu können. Daraus folgt, dass einerseits die Spezialisierung dazu führt, dass die Klienten den Wunsch nach Despezialisierung haben, andererseits allerdings auch Spezialisten gefordert sind, die besondere Fähigkeiten mit in das Coaching einbringen. Der Trend zum zielorientierten Arbeiten scheint zum einen den höheren Kosten eines Coachings und dem Zeitdruck zuzurechnen zu sein, und zum anderen die Generation Y, die vom Denkschema viel vernetzter und kombinierter Denken und dadurch mit viel höherer Geschwindigkeit lernen, aufnehmen und mit anderen Informationen verknüpfen können.

Im Coaching müssen sich die Präsenz, die Wachheit und die Aufmerksamkeit des Coachs gegenüber dem Klienten ständig auf höchstem Leistungsniveau befinden. Der Coach sollte dabei eine gleichmütige, wertschätzende Haltung annehmen.

3. Transfer für die Coaching-Praxis

In Anbetracht der hervorragenden Arbeit der Verbände in den letzten zwei Jahrzehnten bleibt es nur noch eine Frage der Zeit, wann der Coaching-Begriff von Gesetz her unter Schutz gestellt wird. Handlungsbedarf gibt es für die Verbände bezüglich der Integration von Achtsamkeit in ihre Definitionen und Verständnisse von Coaching.

In der heutigen Forschung wird davon ausgegangen, dass die Entwicklung von Achtsamkeit zu einer Verbesserung in der Emotionsregulation führt.[348] Seine Emotionen regulieren zu können kann erhebliche Vorteile bieten. Denken wir nur einmal an Neid, eine Emotion, die gerade im beruflichen Kontext sehr häufig vorkommt und oft der Auslöser für Mobbing ist[349] und als Coaching-Anlass, der relativ häufig in der Praxis vorkommt. Zur Praktizierung von Achtsamkeit gehören immer alle beteiligten Personen oder Parteien. Allerdings

---

[348] Hayes, A. M., Feldman, G. (2004): Clarifying the construct of mindfulness in the context of emotion regulation and the process of change in therapy. In: Clinical Psychology: Science and Practise, 11 (3), 255–262.

[349] Keller, A., Burandt, M. (2006): Neid in Organisationen. Ausarbeitung, Berlin 2006.

ist auch einseitig eine Verbesserung der Achtsamkeit zum Umgang mit der Situation zuträglich. Das ist gerade im Fall eines Coachings zutreffend weil der Coach den Klienten in die Achtsamkeit führen kann.

Reflektieren wir unsere Situation als Coachs, sind wir aufgrund unseres Berufsstandes schon zur Achtsamkeitsarbeit verpflichtet. Wir müssen stets und in jeder Situation in der Lage sein, unsere Emotionen nicht-wertend zu erkennen, zu akzeptieren und zu unserem und des Klienten Nutzen fördernd und wohlgesonnen einzusetzen. Coaches sind sogar in einer sehr schwierigen Rolle, weil sie nicht nur mit ihren eigenen Emotionen konfrontiert werden, sondern auch die Emotionen und das Verhalten ihrer Klienten beobachten, akzeptieren und positiv lenken müssen. Mit Aufmerksamkeit Handeln ist der Faktor, der im Prozess mit dem Klienten bedeutsam ist. Unachtsamkeit kann im schlimmsten Fall zu einer Schädigung des Klienten kommen und ist in beiderseitigem Interesse zu vermeiden.

Achtsamkeit beginnt schon beim Beziehungsaufbau mit dem Klienten. Neutralität ist in der systemischen Beratung ein Prinzip. D.h. der Coach oder Berater muss achtsam die Beobachterperspektive einnehmen und darf sich nicht in Thema, Anliegen oder Ziel verstricken. Selbst eine persönliche Bindung zum Klienten kann schon Schwierigkeiten bedeuten.

„Wir sollten achtsam bei dem sein, was wir sagen und tun, denn: Ein böses Wort ist wie ein Stein, der in einen tiefen Brunnen geworfen wird... die Wogen mögen sich glätten, der Stein aber wird auf dem Grund bleiben." (Konfuzius)

Dieses Zitat macht deutlich, welche Verpflichtung dem Berufsstand der Coaches obliegt. Wenn wir die derzeitige Lage im Arbeitsmarkt betrachten und den Ruf nach Führungskräften hören und dann noch reflektieren was von den Führungskräften erwartet wird dann wird schnell klar das emotionale Intelligenz der Erfolgsfaktor Nummer eins ist. Nichts ist wichtiger als das vom Psychologen Daniel Goleman populär gemachte Konzept der „emotionalen Intelligenz" des Neurologen Joseph Ledoux. Emotionale Menschen kennen sich und ihre Gefühle gut und zeigen große Begabung im Umgang mit anderen Menschen.[350]

---

[350] Simon, W. (2007): Persönlichkeitsentwicklung: Der große Methodenkoffer. 2. Aufl., Offenbach 2010, S. 162.

Goleman nennt fünf Elemente der emotionalen Intelligenz. Drei davon begründen sich aus der Achtsamkeit. Die Selbstwahrnehmung und Selbstreflexion, die Selbstkontrolle und die Empathie sind Elemente, die ohne Achtsamkeit nicht existent wären. Doch wo gehen potentielle Führungskräfte hin, um sich die Softskills anzueignen? Softskills sind nicht trainierbar und auch nicht durch Beratung indoktrinierbar? Softskills müssen durch Selbsterkenntnis und Erfahrung erlernt werden.

Für Coaches bedeutet das, in Zukunft den Aspekt Achtsamkeit für ihre eigene Entwicklung und für ihre Coaching-Sitzungen im Sinne der positiven Entwicklung der Klienten einzusetzen. Für die Klienten ist dadurch die Arbeit tiefgehender und kann auch außerhalb der Coaching-Sitzungen geübt und angewendet werden. Für Personalentwickler sollte der Trend ein Zeichen sein, ihre Pools mit Coachs zu aufzufüllen, um dem Bedarf gerecht werden zu können. Gleichzeitig kann es sinnvoll sein sich als Personalentwickler im Bereich Achtsamkeit weiterzubilden. Für die Coaching-Verbände kann sich ein weiteres Alleinstellungsmerkmal im Wettstreit um die meisten Mitglieder sein. Allerdings ist die Grenze zum esoterischen nicht weit entfernt. Hier gilt es die Aufmerksamkeit, oder besser Achtsamkeit, darauf zu richten, diese Grenze klar zu definieren und einzuhalten.

Einzelbände

Katharina Fülle:

Das Potenzial meditativer Ausbildung von Achtsamkeit für die Herausforderungen von transkulturellem Management

978-3-656-85091-5

Christoph Schrank:

Personal- und Managemententwicklung durch Achtsamkeitsmeditation als Element eines Innovationsmanagements

978-3-656-14604-9

Thorsten Ebeling:

Achtsamkeit im Coaching

978-3-656-63366-2